人工智能时代的专业劳动教育

——计算机类专业

主　编　姚争为　徐舒畅　李　军
副主编　解山娟　袁庆曙　杨鹏飞
　　　　张金玲　潘　红

北京理工大学出版社
BEIJING INSTITUTE OF TECHNOLOGY PRESS

内 容 简 介

本书是新时代高校计算机类专业的劳动教育课程的教材，全书共分为四章，第一章着重讨论人工智能时代的劳动需求、劳动形态、劳动价值和劳动特点，第二章至第四章将劳动教育与专业知识和专业实践相融合，要求学生去博物馆、遗址、田间、公园等地劳动、调研、收集资料，并运用虚拟现实、计算机视觉、机器人等新兴技术，解决现实生活中的一些复杂工程问题，使学生在运用专业知识解决实际问题、参与真实劳动的过程中，突破"专业交叉、融合创新"的专业教育瓶颈，充分认识劳动的本质，培养劳动精神、劳模精神和工匠精神，成为勤于劳动、诚实劳动、善于创造的新时代劳动者。

本书可作为高等院校计算机、软件工程、大数据与数据科学、电子信息工程等相关专业的教学用书。

版权专有　侵权必究

图书在版编目（CIP）数据

人工智能时代的专业劳动教育：计算机类专业 / 姚争为，徐舒畅，李军主编. --北京：北京理工大学出版社，2024.7.
ISBN 978-7-5763-4381-6

Ⅰ.G40-015

中国国家版本馆 CIP 数据核字第 2024RK4675 号

责任编辑：李　薇	**文案编辑**：李　硕	
责任校对：刘亚男	**责任印制**：李志强	

出版发行 / 北京理工大学出版社有限责任公司
社　　址 / 北京市丰台区四合庄路 6 号
邮　　编 / 100070
电　　话 / (010) 68914026（教材售后服务热线）
　　　　　　 (010) 68944437（课件资源服务热线）
网　　址 / http://www.bitpress.com.cn

版 印 次 / 2024 年 7 月第 1 版第 1 次印刷
印　　刷 / 涿州市新华印刷有限公司
开　　本 / 787 mm×1092 mm　1/16
印　　张 / 9.25
字　　数 / 190 千字
定　　价 / 72.00 元

图书出现印装质量问题，请拨打售后服务热线，负责调换

前　言

　　人类已经迈入了人工智能的新时代，这个时代的劳动者需要具备"专业强"和"技术优"的能力，同时也要"懂劳动"和"爱劳动"，能够胜任"创造性劳动"，并拥有高尚的劳动情操，持之以恒，攻坚克难。本书作为新时代高校计算机类专业的劳动教育课程的教材，旨在寻找专业教育与劳动教育之间的契合点，将两者进行巧妙结合。在具体内容上，编者遵循新工科的核心思想——学科交叉融合，进行了创新，以培养适应时代发展的建设者和接班人。

　　本书特色有如下几个。

　　1. 以专业教育引领劳动教育，实现专业教育与劳动教育的结合。专业教育映射的是社会对人才和知识的需求，而劳动教育则是检验专业教育是否符合发展需求的重要标尺。劳动教育结合学科和专业教育，可以创造性地解决实际问题，让专业教育建设更接地气。

　　2. 内容突出时代性，着重讨论人工智能时代的劳动需求、劳动形态、劳动价值和劳动特点。本书在保持劳动教育内容相对稳定性的同时，兼顾前瞻性、时代性和发展性。

　　3. 积极跟进新时代产业发展需求，将虚拟现实、计算机视觉、机器人等新工科核心专业内容融入劳动实践中，遵循新工科"学科交叉融合"的思想。

　　4. 注重知识的延伸性，劳动实践贯通课内、课外，包含生产性劳动、服务性劳动和创造性劳动，启发学生的思考，延伸其丰富的劳动体验，使其在脑力劳动和体力劳动的有效配合中找到自我价值，感悟劳动是成功的必经之路这一真谛。

　　5. 聚焦学生劳动实践与专业创新的融合，依托专业劳动项目开展科研创新。其中，优秀作品展示的作品有的荣获学科竞赛国赛一等奖，是课程后期科研攻关的结果。

　　本书凝结了团队的智慧结晶：姚争为老师主导整体架构设计、人员组织并执笔第一章；解山娟、袁庆曙两位老师联袂完成第二章；徐舒畅老师深耕第三章；第四章由李军、潘红老师合力打造；杨鹏飞、张金玲老师则精心设计每章的导入与拓展阅读，旨在启思引趣，深化学习体验。

　　本书是在北京理工大学出版社相关领导、专家和编辑的信任、指导、支持和帮助下完稿并出版的，同时，本书是浙江省高校课程思政教学示范课程"Java程序设计"、浙江省高校"十四五"教学改革项目"新工科背景下数字媒体类课程实践教学的改革与探索"的研究成果。在此，谨致谢意！

编　者

目 录

第一章 树立正确的劳动观 ………………………………………………… (1)

1.1 劳动观的历史与现实 ………………………………………………… (1)
    学习目标 ………………………………………………………………… (1)
    1.1.1 中国传统文化关于劳动的基本观点 ……………………………… (1)
    1.1.2 马克思主义劳动观 ………………………………………………… (4)
    1.1.3 习近平新时代中国特色社会主义劳动思想体系 ………………… (6)
    思考题 …………………………………………………………………… (9)

1.2 人工智能与智能劳动 ………………………………………………… (10)
    学习目标 ………………………………………………………………… (10)
    1.2.1 人工智能简介 ……………………………………………………… (10)
    1.2.2 智能劳动的概念 …………………………………………………… (12)
    1.2.3 人工智能与智能劳动的关系 ……………………………………… (14)
    思考题 …………………………………………………………………… (15)

1.3 人工智能背景下的智能劳动与价值创造 …………………………… (15)
    学习目标 ………………………………………………………………… (15)
    1.3.1 智能劳动与价值创造 ……………………………………………… (16)
    1.3.2 智能劳动面临的挑战 ……………………………………………… (18)
    1.3.3 面对人工智能,提升智能劳动能力的路径 ……………………… (20)
    思考题 …………………………………………………………………… (24)

第二章 基于虚拟现实技术的劳动实践 ………………………………… (25)

2.1 爱惜粮食,尊重劳动 ………………………………………………… (25)
    学习目标 ………………………………………………………………… (25)
    2.1.1 课程导入:余杭的"四无"粮仓 ………………………………… (25)
    2.1.2 劳动实践任务 ……………………………………………………… (27)

2.1.3　优秀学生作品展示：VR云游"四无"粮仓 …………………… (28)
　　　2.1.4　作品研发的技术路线 ………………………………………… (29)
　　　2.1.5　关键技术与实操 ……………………………………………… (31)
　　　2.1.6　拓展阅读：实现现代化科技储粮 …………………………… (40)
　　　思考题 ……………………………………………………………………… (41)
　2.2　跟着运河，探索劳动智慧 ……………………………………………… (42)
　　　学习目标 …………………………………………………………………… (42)
　　　2.2.1　课程导入：大运河文化 ……………………………………… (42)
　　　2.2.2　劳动实践任务 ………………………………………………… (44)
　　　2.2.3　优秀作品展示：京杭大运河信息可视化系统 ……………… (45)
　　　2.2.4　作品研发的技术路线 ………………………………………… (48)
　　　2.2.5　关键技术与实操 ……………………………………………… (51)
　　　2.2.6　拓展阅读：大运河是祖先留给我们的宝贵遗产 …………… (64)
　　　思考题 ……………………………………………………………………… (65)

第三章　基于计算机视觉技术的劳动实践 ……………………………………… (66)
　3.1　分类改善环境，劳动创造财富 ………………………………………… (66)
　　　学习目标 …………………………………………………………………… (66)
　　　3.1.1　课程导入：垃圾分类新时尚 ………………………………… (66)
　　　3.1.2　劳动实践任务 ………………………………………………… (68)
　　　3.1.3　优秀作品展示：基于计算机视觉技术的垃圾回收系统 …… (69)
　　　3.1.4　作品研发的技术路线 ………………………………………… (76)
　　　3.1.5　关键技术与实操 ……………………………………………… (79)
　　　3.1.6　拓展阅读：让见"圾"行事成为新时尚 …………………… (83)
　　　思考题 ……………………………………………………………………… (85)
　3.2　走进田间地头，解惑劳作虫防 ………………………………………… (85)
　　　学习目标 …………………………………………………………………… (85)
　　　3.2.1　课程导入：农作物病虫害识别 ……………………………… (85)
　　　3.2.2　劳动实践任务 ………………………………………………… (88)
　　　3.2.3　优秀作品展示：基于计算机视觉技术的水稻虫害识别系统 … (88)
　　　3.2.4　作品研发的技术路线 ………………………………………… (92)
　　　3.2.5　关键技术与实操 ……………………………………………… (94)
　　　3.2.6　拓展阅读：中国历史上的蝗灾与古人治蝗 ………………… (98)
　　　思考题 ……………………………………………………………………… (101)

第四章　基于机器人技术的劳动实践 …………………………………………… (102)
　4.1　做智能时代的园丁 ……………………………………………………… (102)

学习目标 ··· (102)
　　4.1.1　课程导入：智能灌溉系统 ·································· (102)
　　4.1.2　劳动实践任务 ·· (103)
　　4.1.3　优秀作品展示：基于STM32的智能灌溉系统 ········· (104)
　　4.1.4　作品研发的技术路线 ······································· (104)
　　4.1.5　关键技术与实操 ··· (118)
　　4.1.6　拓展阅读：中国灌溉"黑科技"历史沿革 ············· (120)
　　思考题 ··· (123)
4.2　做智能时代的清洁工 ··· (123)
　　学习目标 ··· (123)
　　4.2.1　课程导入：古人打扫卫生的学问和讲究 ················ (123)
　　4.2.2　劳动实践任务 ·· (124)
　　4.2.3　优秀作品展示：基于STM32的智能扫地机器人 ······ (124)
　　4.2.4　作品研发的技术路线 ······································· (125)
　　4.2.5　关键技术与实操 ··· (136)
　　4.2.6　拓展阅读："扫一室"与"扫天下" ···················· (138)
　　思考题 ··· (139)

第一章　树立正确的劳动观

1.1　劳动观的历史与现实

学习目标

(1) 理解中国传统文化关于劳动的基本观点；
(2) 理解并掌握马克思主义劳动观；
(3) 学习并理解习近平新时代中国特色社会主义劳动思想体系；
(4) 在理论与实际中运用所学知识。

1.1.1　中国传统文化关于劳动的基本观点

在探讨中国传统文化关于劳动的基本观点之前，我们首先需要认识到，这些观点不仅在古代中国社会中发挥了重要作用，而且在今天的中国社会中仍然有其深远的影响。古代的智者们通过自己的哲学思考和观察，对劳动有了深入的理解和独特的见解。他们将劳动视为生活的基础，赞美劳动的价值和意义，鼓励人们勤奋工作，并将尊重劳动者视为社会的基本伦理。这些观点在古代中国社会中形成了一种深厚的劳动文化，这种劳动文化至今仍继续影响着中国人的价值观和行为模式。在本小节中，我们将深入探讨中国传统文化关于劳动的基本观点，并试图理解这些观点对中国社会的影响。

1. 孔子有关劳动的观点

"行己有耻，使于四方，不辱君命，可谓士矣。"(《论语·子路》)意思是在劳动中要有自尊心，为国家和君主尽职尽责、不辱使命，这样才能称得上是士人。这句话强调了劳动者应该具备自我价值感和职业道德，以忠诚和敬业的态度对待劳动。

"先行其言而后从之。"(《论语·为政》)意思是先以自己的行动示范他人，然后再让

他人跟随。这句话强调了在劳动中要以身作则，通过自己的行动影响和激励他人。孔子画像（AI 生成）如图 1.1 所示。

2. 孟子有关劳动的观点

"劳心者治人，劳力者治于人。"（《孟子·滕文公上》）意思是用智慧和才能来管理他人的人需要劳心，而用体力来为他人服务的人需要劳力。这句话强调了不同类型的劳动对于社会的重要性，无论是智能劳动还是体力劳动，都是为了社会的治理和服务。

"天将降大任于是人也，必先苦其心志，劳其筋骨，饿其体肤，空乏其身，行拂乱其所为，所以动心忍性，曾益其所不能。"（《孟子·告子下》）这句话强调了通过劳动和吃苦来锻炼个人的意志和能力，以应对天赋的使命和责任。

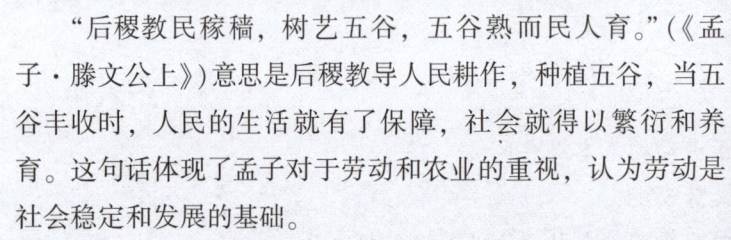

图 1.1 孔子画像（AI 生成）

"后稷教民稼穑，树艺五谷，五谷熟而民人育。"（《孟子·滕文公上》）意思是后稷教导人民耕作，种植五谷，当五谷丰收时，人民的生活就有了保障，社会就得以繁衍和养育。这句话体现了孟子对于劳动和农业的重视，认为劳动是社会稳定和发展的基础。

"易其田畴，薄其税敛，民可使富也。"（《孟子·尽心上》）意思是通过改善农田的耕作条件和减轻农民的税赋负担，可以有效促进民众的财富增长。这句话深刻揭示了孟子对于劳动、税收与民众福祉之间关系的独到见解。他认为，通过合理的政策引导和制度安排，可以使劳动成为财富增长的源泉。孟子画像（AI 生成）如图 1.2 所示。

图 1.2 孟子画像（AI 生成）

3. 庄子有关劳动的观点

《庄子·养生主》有一则寓言故事叫庖丁解牛。该寓言阐明了庄子所提倡的劳动是不要盲目重复或机械化操作，而是要能深入洞察事物内部规律，并在劳动实践中巧妙地顺应这些规律，以达到技艺与大道相通相融的境地。

《庄子·应帝王》有一则寓言故事叫浑沌凿窍。该寓言告诫世人，对自然状态的过度干预和改造实属不当之举，真正的劳动应遵循自然法则，不破坏原有的生态系统和内在秩序，杜绝一切不必要的干扰与修饰。换言之，庄子倡导的劳动是以尊重自然为基础，拒绝过度人工化，从而实现人与自然和谐共处。

4. 诸葛亮有关劳动的观点

"静以修身，俭以养德"是诸葛亮提出的重要观点之一。这句话强调了通过静心修身和节俭养德来提升个人修养的重要性。通过保持内心的宁静与平和，以及节俭的生活方式，可以提升个人境界，实现身心的和谐和完善。这个观点与劳动观有着内在联系。一个成功的劳动者不仅要有明确的目标，还需要在工作中保持内心的宁静与专注，这样才能专注于专业技能的磨炼和工作质量的提升，进而实现远大的职业发展目标。诸葛亮画像（AI生成）如图1.3所示。

图 1.3　诸葛亮画像（AI生成）

5. 李商隐有关劳动的观点

"历览前贤国与家，成由勤俭破由奢"这句诗说明了一个普遍的道理，即勤俭节约是成功和繁荣的基础，而奢侈浪费则往往导致衰败和落后。这句诗提醒我们要珍惜资源、勤俭节约，通过这样的生活方式，能够有效管理资源和财富，提升个人和国家的发展水平。

这些中国古人关于劳动的观点，都表现出了对劳动的重视、尊重和赞美。劳动不仅仅是维持生计的手段，更是一种实现自我价值的途径。劳动在中国传统文化中被视为一种修身养性、奉献社会的重要方式，是培养个人品质和塑造人格的基石。

6. 总结中国传统文化中关于劳动的基本观点

（1）劳动的尊严和价值。中国传统文化强调劳动的尊严和价值。劳动被看作实现自我价值和奉献社会的重要途径。通过辛勤劳动，个人可以实现自身的发展和成长，同时也可以为社会作出贡献。

（2）勤劳和节俭的美德。中国传统文化强调勤劳和节俭的美德。勤劳被认为是实现成功和幸福的关键，只有通过勤奋努力才能获得成就。节俭则是对劳动成果的珍惜和合理使用，避免奢侈和浪费。

（3）劳动的人本性和修身养性。中国传统文化认为劳动是人的本性之一，通过劳动可以实现身心的和谐；劳动也是修身养性的重要途径，通过劳动可以培养个人品质和塑造人格，实现个人的全面发展。

（4）劳动与天道的关系。中国传统文化认为劳动与天道是密切相关的。人应当按照天道的规律去劳动，与自然相协调。劳动被看作人与自然之间的有机联系，通过劳动可以实现人与自然的和谐统一。

（5）劳动与家庭的关系。中国传统文化强调劳动与家庭的紧密关联。家庭是劳动的重要场所，家庭成员通过共同的劳动建立亲情和情感纽带，传统的男耕女织场景（AI生成）如图1.4所示。劳动被视为维系家庭稳定和幸福的基础。

图 1.4　男耕女织场景(AI 生成)

这些观点反映了中国传统文化对劳动的高度重视和肯定,强调劳动的价值、尊严及其与个人、社会、自然的关系。这些传统观点在一定程度上仍然对当今中国社会的劳动理念和价值观有所影响。

7. 错误的倾向

然而,由于在中国古代人们受到封建等级制度的影响,普遍存在着一种错误的思想倾向,即片面抬高脑力劳动而贬低体力劳动。在先秦诸子百家的思想中,体力劳动者常被视为"鄙陋卑贱之人",被称为"小人""贱民"等。例如,《左传·襄公九年》记载:"君子劳心,小人劳力,先王之制也。"后来,广大普通民众寄希望于通过科举制度跻身精英阶层,然而成为精英后却存在着对生产劳动的鄙视,排斥技术发明创造。这种"官本位"思想盛行,其不良影响至今仍难以根除。

此外,在中国古代人们尽管注重劳动技能的熟练掌握和提升,倡导精益求精的工作态度,并取得了许多具有创造性的劳动发明成果,如"四大发明"。然而,同时也存在着对技艺和工匠的偏见和敌视。例如,《庄子·天地》中记载:"吾闻之吾师,有机械者必有机事,有机事者必有机心。吾非不知,羞而不为也。"反映了道家对劳动机械的发明和使用持保守片面的观点,并将其与人的品格联系在一起。这种观点导致后来的儒家知识分子对于所谓的"奇技淫巧"持敌视态度,严重阻碍了中国历史的发展进程。

1.1.2　马克思主义劳动观

马克思主义劳动观产生的时间可以追溯到 19 世纪。马克思主义劳动观认为劳动是创造财富和社会发展的基础,劳动者应当享有劳动成果的合理分配和社会保障。这一观点对工人阶级的觉醒和社会变革起到了重要的推动作用,对后来的工人运动和社会主义思想的形成产生了深远的影响。

1. 马克思主义劳动观产生的时代背景

18 世纪 60 年代，第一次工业革命迅速席卷全球，以蒸汽机为主要动力的机器化大规模生产取代了手工生产，成为资本主义社会的主导生产方式。这一历史性事件极大地提高了生产效率，创造了更多物质财富，并为人们创造了更多的闲暇时间，从而使人们能够更充分地享受生活。

然而，与最初的期望相反，生产力的提升并没有使无产阶级获得更多解放，反而加重了他们的工作负担。资本家开始采取更加极端的措施，不断延长工人的工作时间，以最大限度地榨取剩余价值，如图 1.5 所示。工人阶级无法通过劳动获得满足基本需求的资源，而资产阶级的生活却异常奢华和堕落。"不劳动者恒得食，劳动者不得食"这种怪异的现象在整个西方世界蔓延，导致无产阶级与资产阶级之间的矛盾进一步加剧。

图 1.5　资本家榨取工人的剩余价值（AI 二次创作）

在这样的时代背景下，马克思以无产者的劳动状况为出发点，揭示了资本主义社会中劳动的异化现象，并提倡通过科学的劳动教育来帮助无产阶级更好地理解劳动的本质和内涵。他希望培养无产阶级正确的劳动观和价值观，让他们深刻认识到劳动的意义和价值，并学会运用劳动的力量来反抗资产阶级的残酷剥削和统治。

2. 马克思主义劳动观的核心内容

马克思主义劳动观是马克思主义的核心观点之一，对劳动和劳动者的地位、权益，以及劳动与资本关系的本质进行了深刻的分析和批判。以下是马克思主义劳动观的几个重要观点。

（1）劳动的本质。马克思认为，劳动是人类生存和发展的基本活动。人通过劳动改造自然，创造和生产出满足生活需要的物质财富。劳动不仅是满足物质需求的手段，也是自我实现和自我发展的方式。

（2）劳动价值论。马克思提出了劳动价值论，认为商品的价值是由其中所包含的社会必要劳动时间所决定的。劳动是创造价值的源泉，而不是资本或土地。他批判了资本主义制度中的剩余价值剥削，主张劳动者应该获得与其劳动所创造的价值相符的回报。

（3）劳动剥削与异化。马克思主义揭示了资本主义社会中的劳动剥削和劳动异化现象。资本家通过占有生产资料并雇佣劳动者，从劳动者的劳动中获取剩余价值，实现利润最大化。劳动者在这个过程中失去了对劳动的控制权和创造力，劳动成为压迫和异化的对象。

（4）劳动解放与社会主义建设。马克思主义追求劳动者的解放，主张通过推动无产阶级革命和社会主义建设，实现生产资料的公有制和劳动的社会化。在社会主义社会中，劳动者将成为社会的主人，可以充分发挥劳动创造力，实现个人和社会的全面发展。

（5）劳动的创造性和人的全面发展。马克思强调劳动的创造性和人的全面发展，他认为劳动应当是人的自由发展和自我实现的手段，劳动过程应当体现人的智慧和创造力，而不应成为机械的重复劳动和压迫。

马克思主义劳动观深刻地分析了劳动在社会经济中的地位和作用，揭示了劳动问题的实质和解决之道。它对劳动者解放、社会变革和社会主义理论的发展产生了深远影响，并为建设更加公正合理的社会提供了理论基础。

在马克思主义思想的指引下，中国的领导人包括毛泽东、邓小平等，在结合中国国情的基础上进行了一系列有益的探索，并逐渐形成了一套独具中国特色、符合中国国情的劳动教育思想体系。这一体系在理论上具有重要意义，同时也在实践中发挥着重要作用。

1.1.3　习近平新时代中国特色社会主义劳动思想体系

中国社会主义劳动思想在马克思主义劳动观的基础上，结合中国的具体国情，进行了深化和发展。在中国社会主义建设过程中，我们认识到，劳动不仅是实现个人价值的重要方式，也是推动社会进步、实现社会公正的重要手段。因此，我们倡导尊重劳动，提高劳动生产率，保障劳动者的合法权益，推动科技与劳动的深度融合。

1. 中国社会主义劳动思想的发展

中国社会主义劳动思想从中华人民共和国成立以来的发展主要经历了以下几个阶段。

1）中华人民共和国成立后的初期（1949—1978 年）

在这个阶段，中国社会主义劳动思想主要以毛泽东的劳动思想为核心，强调劳动者是社会主义建设的主体，要全体人民都参与到社会主义建设中来，同时，也强调劳动者的尊严和价值，倡导艰苦奋斗的精神。

2）改革开放初期（1978—1992 年）

这一阶段的主要特点是对劳动价值观的重新认识和解读。在改革开放的背景下，邓小平提出"发展才是硬道理"的观点，强调要调动所有人的积极性，提高劳动生产率，同时，也要改善劳动者的待遇和生活，保障他们的合法权益。

3）社会主义市场经济阶段（1992—2012 年）

在这个阶段，社会主义市场经济成为中国的主要经济形态，人们对劳动价值观的认识进一步深化。江泽民和胡锦涛等国家领导人强调劳动者在社会主义市场经济中的地位，倡导"以人为本"的思想，保障劳动者的合法权益，提升劳动者的社会地位和待遇。

4）新时代中国特色社会主义阶段（2012至今）

这是习近平新时代中国特色社会主义劳动思想体系形成的阶段，强调要坚持以人民为中心的发展思想，全面弘扬劳动者的尊严和价值，进一步提高全社会对劳动的认识和重视。

在新的历史时期，习近平总书记的劳动思想体系对推动全社会形成尊重劳动、敬业奉献的良好风尚，进一步推进社会主义事业发展，具有重要的指导作用。

2. 习近平新时代中国特色社会主义劳动思想的提出

习近平新时代中国特色社会主义劳动思想是习近平在领导中国特色社会主义建设新征程的过程中，深化对劳动价值和劳动重要性的认识，明确劳动在中国特色社会主义建设中的核心地位，并通过一系列讲话和文件反复强调和深化的。

具体来说，习近平新时代中国特色社会主义劳动思想主要反映在以下几个方面。

1）弘扬劳动精神和劳模精神

习近平总书记在多次重要讲话中都强调了劳动精神和劳模精神的重要性，劳动是人生的第一需要，也是人民创造美好生活的基础。

（1）2016年，在知识分子、劳动模范、青年代表座谈会上，习近平总书记说："劳动模范是劳动群众的杰出代表，是最美的劳动者。劳动模范身上体现的'爱岗敬业、争创一流、艰苦奋斗、勇于创新、淡泊名利、甘于奉献'的劳模精神，是伟大时代精神的生动体现。"（资料来源：新华社）

（2）2017年，在江苏考察时，习近平总书记说："广大企业职工要增强新时代工人阶级的自豪感和使命感，爱岗敬业、拼搏奉献，大力弘扬劳模精神和工匠精神，在为实现中国梦的奋斗中争取人人出彩。"

（3）2020年，在全国劳动模范和先进工作者表彰大会上，习近平总书记说："劳模精神、劳动精神、工匠精神是以爱国主义为核心的民族精神和以改革创新为核心的时代精神的生动体现，是鼓舞全党全国各族人民风雨无阻、勇敢前进的强大精神动力。"

2）提升劳动者地位和待遇

习近平总书记深刻认识到劳动者在社会主义建设中的重要地位和作用，主张必须保障劳动者的合法权益，提高劳动者的社会地位和待遇，实现劳动者共享经济发展成果。

（1）2020年，在全国劳动模范和先进工作者表彰大会上，习近平总书记说："要完善和落实技术工人培养、使用、评价、考核机制，提高技能人才待遇水平，畅通技能人才职业发展通道，完善技能人才激励政策，激励更多劳动者特别是青年人走技能成才、技能报国之路，培养更多高技能人才和大国工匠。"

（2）2023年，在"五一"国际劳动节到来之际，习近平总书记向全国广大劳动群众致以节日的祝贺和诚挚的慰问，并强调："各级党委和政府要充分激发广大劳动群众的劳动热情和创新创造活力，切实保障广大劳动群众的合法权益，用心帮助广大劳动群众排忧解难，推动全社会进一步形成崇尚劳动、尊重劳动者的良好氛围。"

3）坚持全民参与劳动

习近平总书记主张劳动是全民的义务和权利，每个人都应通过劳动实现自我价值，同时也为社会主义建设作出贡献。

（1）2016年，在"五一"国际劳动节前夕的讲话中，习近平总书记说："全社会都要热爱劳动，以辛勤劳动为荣，以好逸恶劳为耻。"

（2）2020年，在全国劳动模范和先进工作者表彰大会上，习近平总书记说："全社会要崇尚劳动、见贤思齐，加大对劳动模范和先进工作者的宣传力度，讲好劳模故事、讲好劳动故事、讲好工匠故事，弘扬劳动最光荣、劳动最崇高、劳动最伟大、劳动最美丽的社会风尚。"

4）强调劳动教育的重要性

习近平总书记主张从小培养和形成尊重劳动、爱岗敬业的良好思想品质和行为习惯，通过教育使人们认识到劳动的价值和重要性。

（1）2018年，在全国教育大会上，习近平总书记发表了重要讲话，提出"培养德、智、体、美、劳全面发展的社会主义建设者和接班人"，并对我国教育方针作了全面阐述。

（2）2018年，在全国教育大会上，习近平总书记说："要在学生中弘扬劳动精神，教育引导学生崇尚劳动、尊重劳动，懂得劳动最光荣、劳动最崇高、劳动最伟大、劳动最美丽的道理，长大后能够辛勤劳动、诚实劳动、创造性劳动。"

（3）2021年，在参加首都义务植树活动时，习近平总书记对一同植树的孩子们说："要从小培养劳动意识、热爱劳动，勤劳是人的基本素质。等你们长大了，祖国将更加富强。你们要注重德、智、体、美、劳全面发展，既要好好学习、天天向上，又要做到身体强、意志强，准备着为祖国建设贡献力量。"

5）促进科技与劳动的融合

习近平总书记主张在全面建设社会主义现代化国家的过程中，要推动科技与劳动的深度融合，提高劳动生产率，推动经济社会持续健康发展。

（1）2020年，在科学家座谈会上，习近平总书记强调："尊重劳动、尊重知识、尊重人才、尊重创造，遵循科学发展规律，推动科技创新成果不断涌现，并转化为现实生产力。"

（2）2022年，在写给首届大国工匠创新交流大会的贺信中，习近平总书记强调："我国工人阶级和广大劳动群众要大力弘扬劳模精神、劳动精神、工匠精神，适应当今世界科技革命和产业变革的需要，勤学苦练、深入钻研，勇于创新、敢为人先，不断提高技术技能水平。"

（3）2024年，在中共中央政治局第十一次集体学习时，习近平总书记指出："科技创新能够催生新产业、新模式、新动能，是发展新质生产力的核心要素。"

3. 全球化和科技快速发展背景下的挑战

1）劳动市场变化

全球化进程导致了劳动力的跨国流动和国际分工的加剧。不同国家和地区的劳动力因为不同的经济发展阶段和资源禀赋,具有不同的优势和定位。例如,发达国家通常偏重于高技能和知识密集型的劳动,而发展中国家则在某些劳动密集型产业中具有优势。这种国际分工导致了劳动力的跨国流动,劳动市场不再是单一国家的劳动市场,而成为全球性的劳动市场。这无疑对中国的劳动市场提出了新的挑战,如何在全球竞争中保持劳动力的竞争力,成为重要的问题。

2)技能需求变化

科技的快速发展,特别是人工智能和自动化技术的广泛应用,对传统的劳动形态和就业结构带来了深远影响。许多传统的劳动密集型工作正在被机器人和自动化设备替代,导致大量的就业岗位消失。同时,新的技术也创造了新的工作机会,如 IT 行业、大数据分析、人工智能等领域。这就要求劳动者不断学习新的技能,以适应劳动市场的变化。

此外,全球化进程也带来了技能需求的失衡。由于不同国家和地区的经济发展阶段、资源禀赋以及教育程度等因素不同,全球劳动市场中的技能需求存在明显的不均衡。在一些劳动力输出大国,劳动者可能缺乏必要的技能,这种技能失衡可能会影响这些国家和地区的经济发展。

3)劳动权益保护

全球化加速了劳动力的跨国流动,形成了全球劳动市场。然而,不同国家、不同企业在遵循劳动规范,尤其是劳动者权益保护方面存在明显的差距。一些发展中国家的劳动者可能因为语言、文化和法律环境的不熟悉,而在劳动者权益保护上处于劣势。这就需要国际社会共同努力,建立更为公平、公正的国际劳动规范。

科技的快速发展引发了新的就业形态,如远程工作、兼职工作、自由职业等,这些新的就业形态给劳动者权益保护带来了新的挑战。例如,远程工作可能使劳动者过度工作,但缺乏有效的监管和保护机制;自由职业者在享受自由便利的同时,可能面临工作稳定性差、收入没保障等问题。

思考题

(1)在中国传统文化中,如何理解"天道酬勤"的观念?这与中国特色社会主义劳动思想有何异同?

(2)在中国传统的儒家文化中,我们如何理解对劳动者的尊重和对劳动的推崇?

(3)从中国传统的道家文化角度来看,"无为而治"如何能够与中国特色社会主义劳动思想相结合?

(4)马克思主义劳动观如何影响了 20 世纪的工人运动和社会主义运动?

(5)在当前技术高度发展的社会环境下,应如何理解和应用马克思主义劳动观?

(6)在习近平新时代中国特色社会主义劳动思想体系中,劳动对于实现中华民族伟大复兴的中国梦的重要性是如何体现的?

(7) 请探讨习近平新时代中国特色社会主义劳动思想体系中关于劳动教育的重要性及其在现代中国社会的实际应用。

1.2 人工智能与智能劳动

学习目标

(1) 理解智能劳动的概念和特点；
(2) 理解 AI 和智能劳动的关系；
(3) 理解并掌握在智能劳动环境下需要的关键技能。

1.2.1 人工智能简介

人工智能(Artificial Intelligence，AI)是指由人制造出来的系统所展现出的智能。这类系统通过理解、学习和应用知识，能够执行一些只有人类智能才能完成的复杂任务。这种智能体现在各个方面，包括但不限于理解自然语言、识别图像和声音、解决问题和学习等。

1. AI 的分类

AI 可以细分为两类：弱 AI 和强 AI。弱 AI，也被称为窄 AI，是目前主流的 AI 形态，它是为了解决特定问题而设计和训练的，如语音识别、图像识别、自然语言处理等；而强 AI，也被称为通用 AI，是指那些可以理解、学习、适应和实施任何智能任务的 AI。强 AI 目前还未实现，仍处于理论和研究阶段。

AI 的最终目标是创造出可以完全模拟人类思维过程、理解人类语言、学习和自我改进、解决问题、适应新环境的智能系统。然而，这个目标依然十分遥远，目前我们所见到的 AI 大多是针对特定问题或任务而设计的。

2. AI 的发展历程

AI 的发展历程可以追溯到 20 世纪 40—50 年代。AI 的发展主要分为以下几个阶段。
1) 早期研究(20 世纪 40—50 年代)
这个时期的计算机科学家开始探索可以模拟人脑工作的机器。1950 年，艾伦·图灵提出了"图灵测试"，这是衡量机器是否能达到人类智能的一个基准。
2) 黄金时代(1956—1974 年)
1956 年，达特茅斯会议的召开标志着 AI 作为一个独立学科的诞生。在这个时期，研究者对 AI 的发展持乐观态度，得到了大量的投资和支持。
3) 第一个 AI 寒冬(1974—1980 年)
由于 AI 的实际应用与预期目标之间存在较大的鸿沟，加上经济问题和对 AI 未来的悲观态度,导致了资金的短缺,这一时期被称为 AI 的第一个寒冬。

4)复兴(1980—1987 年)

在这个时期,AI 获得了商业化的一些成功,特别是在专家系统的开发上。

5)第二个 AI 寒冬(1987—1993 年)

经过上一时期的发展,AI 再次陷入了困境,主要原因是高昂的维护成本和复杂工艺,在商业环境中的应用频频失败,投资大幅减少。

6)稳步发展(1993—2011 年)

在这个时期,尽管 AI 的发展较为缓慢,但其在一些特定领域中取得了进展,包括搜索算法、数据挖掘等。

7)大数据时代(2011 年至今)

随着互联网和数据采集技术的发展,大数据为 AI 的发展提供了丰富的"营养"。同时,深度学习的技术进步让机器可以通过学习大量数据进行自我学习和改进。这一时期的 AI 在语音识别、图像识别、自然语言处理等领域取得了显著的突破。

3. AI 时代

AI 时代是指在 AI 技术快速发展和广泛应用的背景下,人类社会所处的一个全新时代。AI 时代被认为是信息技术领域的一次重大变革,对社会、经济、文化和个人生活产生了深远的影响。

在 AI 时代,AI 技术呈现出了更高的智能水平和更广泛的应用领域。机器学习、深度学习、计算机视觉、自然语言处理等 AI 技术得到了快速发展,并在诸多领域展示了其强大的能力。尽管 AI 的发展尚处于持续演进与进步之中,但我们可以肯定地说,当今世界已迈入了 AI 时代。以下便是一些支持这一论断的观察与证据。

1)技术成熟和广泛应用

AI 技术在许多领域取得了重大突破,并被广泛应用。例如,机器学习和深度学习技术在图像识别、语音识别、自然语言处理等领域取得了巨大的进展,应用于各种应用程序和服务中。

2)智能助手和智能设备的普及

智能助手和智能设备已经成为我们日常生活中的常见存在。例如,语音助手(如 Siri、Alexa 和 Google Assistant 等)、智能手机、智能家居设备、智能汽车等都是 AI 技术的应用,给人们带来了更智能化、更便捷的生活体验。

3)数据驱动和大数据应用

大数据的爆发和存储技术的进步为 AI 提供了丰富的数据资源。AI 技术利用大数据进行训练和学习,实现更准确的预测、决策和智能行为。

4)AI 在产业中的应用

AI 已经在许多产业中产生了重大影响。例如,在医疗领域,AI 用于辅助诊断、精准医学和药物研发等；在金融领域，AI用于风险管理、欺诈检测和智能投资等。

5）社会意识和讨论的提升

AI的发展引发了广泛的社会意识和讨论，人们开始更加关注AI技术的影响和潜在问题。AI的伦理、隐私、公平性等问题成为公众和学术界关注的焦点。

虽然AI的发展仍在进行中，但我们已经看到了AI技术在多个领域的广泛应用和影响。进入AI时代并不意味着其发展已经到了终点，相反，它标志着人类社会迎来了一个全新的发展阶段，需要不断探索和解决新的挑战和问题。

1.2.2 智能劳动的概念

在AI时代，智能劳动以其自动化、数据驱动、自学能力、人机协作和持续改进等特征，正在成为一种创新且高效的工作方式，为不同行业和组织带来了许多机遇和挑战。

1. 智能劳动的定义

智能劳动是指利用AI技术和自动化系统进行工作和执行任务的劳动方式。它将传统的劳动过程与智能化技术相结合，以增强工作效率、提高生产力和改善工作条件。

智能劳动对于提高生产效率和降低成本具有潜在的好处。它可以帮助企业减少人力资源的需求，使员工能够更专注于创造性工作和战略性任务。此外，智能劳动还可以提供更准确、更快速的结果，从而改善客户体验和满足市场需求。

然而，智能劳动也引发了一些讨论和挑战。其中一个主要问题是AI对就业市场的影响。虽然智能劳动可以替代一些传统的人力劳动，但同时也会创造新的就业机会，如AI工程师和数据科学家等技术领域的工作。关键在于适应和转型，以确保能够满足智能劳动时代的需求。

2. 智能劳动的特征

1）自动化

智能劳动利用AI技术和自动化系统，能够自动执行任务和工作流程，减少了人力干预和重复性劳动，提高了工作效率，推动了生产力的发展。

2）数据驱动

智能劳动基于大规模数据的收集和分析，利用机器学习和数据挖掘技术，能够从数据中获取潜在信息和作出决策。这种数据驱动的能力使得智能劳动更好地理解市场趋势、客户需求以及业务优化的机会。

3）自学能力

智能劳动系统具备学习能力，能够通过分析和处理数据来不断改进自身的表现。它可以自主学习和适应新的任务和环境，提高工作效率和准确性。

4）人机协作

智能劳动并非取代人类劳动力，而是与人类合作共同完成任务。智能劳动系统可以承担重复性、烦琐或危险的工作，从而使人类可以专注于更复杂、创造性和战略性的任务，充分发挥自己的优势。

5）高度可定制

智能劳动可以根据不同的需求进行定制和配置，根据特定的业务流程和要求进行编程和调整，以满足不同行业和组织的需求。这种定制使得智能劳动能够提供个性化的服务和解决方案。

6）持续改进

智能劳动系统能够不断学习和改进自身的性能。通过反馈机制和数据分析，它可以发现和纠正错误，并根据用户的反馈和需求进行更新和优化。这种持续改进使得智能劳动能够适应不断变化的环境和需求。

这些特征使得智能劳动成为一种创新和高效的工作方式，为各个领域带来了许多机遇和挑战。智能劳动的发展和应用正在推动技术与劳动力的融合，对人们的工作方式和就业市场产生深远的影响。

3. 智能劳动的形式

智能劳动通常需要高级技术（如 AI、大数据分析等）辅助，它要求劳动者具有一定的知识和技能，以便更好地利用技术提高工作效率和创新能力。智能劳动的形式多种多样，以下列举几种主要的形式。

1）数据分析

数据分析师利用先进的数据分析工具和算法从大量数据中提取有价值的信息，帮助公司或组织作出更好的决策。

2）软件开发和编程

随着软件的广泛应用，软件开发和编程已经成为一种重要的智能劳动形式。开发人员需要具备深厚的编程知识和技能，以及解决复杂问题的能力。

3）AI 研发

AI 研发人员负责设计、开发、测试和优化 AI 模型和算法。他们需要对机器学习、深度学习等 AI 技术有深入的理解，具备丰富的实践经验。

4）科研和创新

在科学研究和技术创新领域，研究人员需要具备批判性思维和创新思维，以发现新的技术。

5）教育和培训

在教育和培训领域，教师和培训师需要掌握现代教育技术，如在线教育平台、虚拟现实（Virtual Reality，VR）技术等，来改善教学效果，提高学习效率。

6）设计和创意产业

在设计和创意产业，设计师和艺术家需要运用数字化工具和平台，以提高创作效率和创新能力。

以上只是智能劳动的一部分形式，随着技术的不断发展和社会的变化，智能劳动的形式也在不断更新和扩展。

1.2.3 人工智能与智能劳动的关系

通过将 AI 与智能劳动紧密结合，可以探索如何实现更高效的工作流程、提升生产力和创造力，并为人类劳动力创造更多有意义和高附加值的职业发展机会。

1. AI 如何推动智能劳动的发展

AI 以其强大的数据处理和学习能力，深刻影响了劳动的方式和形式，从而推动了智能劳动的发展。以下列举了一些主要的方式。

1) 自动化和优化重复劳动

AI 可以自动执行一些重复性的任务，如数据分析、报告生成等，这使得劳动者可以将更多的精力放在更需要人类创新和特殊技能的任务上。

2) 决策支持

AI 可以处理大量数据，并从中提取有价值的信息，为决策提供支持。这种决策支持系统在金融、医疗、教育等多个领域都有广泛应用。

3) 个性化和定制化服务

AI 可以理解和预测用户的需求，为用户提供个性化和定制化的服务。例如，在教育领域，AI 可以根据学生的学习情况提供个性化的学习路径和资源。

4) 提高生产效率

在制造业等领域，AI 可以优化生产流程，提高生产效率，减少资源浪费。

5) 创新和研发

AI 可以帮助研究人员发现新的知识和技术，推动科技创新。例如，在药物研发领域，AI 可以帮助研究人员筛选可能的药物，大大缩短药物研发的时间。

6) 远程劳动和灵活劳动

AI 技术和互联网的结合，使得远程劳动和灵活劳动成为可能。例如，通过 AI-powered 在线办公平台，员工可以随时随地进行工作。

综上所述，AI 已经在多个领域推动了智能劳动的发展，但同时也带来了一些挑战，如对技能和知识的需求增加，以及可能导致的就业结构变化等。因此，个人和社会都需要做好应对 AI 带来的变化的准备。

2. 智能劳动如何影响 AI 的应用

智能劳动对 AI 的应用产生了深远影响，既推动了 AI 的广泛应用，也对 AI 的研发和改进提出了新的需求。以下是一些主要的影响。

1) 需求推动创新

智能劳动的需求为 AI 的应用提供了广阔的市场空间，也推动了 AI 技术的创新和发展。比如，数据科学家和 AI 研发人员根据实际业务需求，研发出更加适应特定任务的 AI

模型和算法。

2) 数据积累

智能劳动产生大量的数据，这些数据对于训练和改进 AI 模型是至关重要的。比如，用户的在线行为数据可以帮助 AI 系统更好地理解用户需求，提供更精准的推荐。

3) 行业应用

智能劳动使 AI 得以在更多行业中应用，如医疗、教育、金融、娱乐、制造业等。在这些行业中，AI 不仅可以提高工作效率，也可以开辟新的服务方式和业务模式。

4) 技术普及

智能劳动者通过使用 AI 工具，使 AI 得以在普通人中间广泛传播，进一步推动了 AI 的普及和应用。

5) 道德和法规问题

智能劳动的广泛应用，也使得 AI 伦理和法规问题变得更加突出。例如，AI 在处理个人数据时，如何保护用户隐私、避免数据歧视等问题，都需要配备相关的法规和标准。

总的来说，智能劳动和 AI 之间存在着相互推动的关系：智能劳动推动了 AI 的应用和创新，而 AI 的发展也为智能劳动提供了更多的可能性。

思考题

(1) 什么是智能劳动？它与传统的劳动方式有什么不同？
(2) AI 如何影响智能劳动，以及开发更广泛的劳动市场？
(3) 在智能劳动的环境下，劳动者需要哪些新的技能？如何获得这些技能？
(4) 智能劳动对社会经济平等产生了什么影响？它如何改变我们对工作的看法？

1.3 人工智能背景下的智能劳动与价值创造

学习目标

(1) 理解智能劳动和价值创造的概念；
(2) 理解 AI 推动智能劳动的价值创造；
(3) 掌握智能劳动面临的主要挑战；
(4) 探索提升智能劳动的能力；
(5) 理解智能劳动在实际工作和生活中的价值。

1.3.1 智能劳动与价值创造

在新的技术背景下，传统的劳动与价值创造方式正在发生深刻的变化。特别是在 AI 的驱动下，智能劳动的兴起对我们理解劳动与价值的方式提出了新的挑战和问题。本小节首先回顾马克思的劳动价值理论，这一理论在解释劳动如何创造价值方面具有重要的参考价值；然后深入探讨智能劳动的价值来源，特别是从智能劳动者的抽象劳动的角度来理解智能劳动的价值；最后分析智能劳动与价值创造的关系，以揭示在 AI 背景下，新的劳动形态是如何创造价值的。

1. 马克思劳动价值理论的回顾

马克思劳动价值理论是马克思主义经济学的重要理论基础之一，它提出了劳动价值论的观点。以下是对马克思劳动价值理论的回顾。

1）价值和使用价值

马克思区分了商品的价值和使用价值。使用价值是指商品所具有的满足人类需求的能力，而价值是商品在社会交换中所体现的一种经济属性。

2）劳动价值

马克思认为，商品的价值是由劳动创造的。具体来说，是由在商品的生产过程中所耗费的社会必要劳动时间决定的。社会必要劳动时间指的是在特定的社会条件下，以普通的生产方法和平均的劳动者技能来完成商品的生产所需的时间。

3）抽象劳动和具体劳动

马克思将劳动分为抽象劳动和具体劳动。抽象劳动是一种抽象的概念，表示在商品生产过程中所消耗的一般人类劳动能力。具体劳动则是特定形式的劳动，如农业劳动、制造业劳动等。马克思认为，商品的价值是由抽象劳动决定的。

4）社会必要劳动时间和价值量

商品的价值量取决于其中所包含的社会必要劳动时间。如果某个生产者能够在更短的时间内生产出相同的商品，那么他的商品价值将较低。相反，如果某个生产者所需的时间较长，那么他的商品价值将较高。

5）价值和市场价格

马克思指出，价值和市场价格之间存在着差异。市场价格受供求关系、市场竞争和其他因素的影响，可能会偏离商品的价值。这导致了商品的市场交换价值与其劳动价值之间的不一致。

需要注意的是，马克思的劳动价值理论是在特定历史条件下提出的，即处于资本主义社会这一条件。马克思认为，资本主义生产方式下的劳动价值关系是一种特殊的社会关系。他将商品生产和交换关系置于资本主义生产方式的框架下进行分析，为理解商品生产和交换的基本规律提供了重要的视角和思考方式。

2. 智能劳动的价值来源：智能劳动者的抽象劳动

智能劳动的价值来源可以理解为智能劳动者的抽象劳动。以下是对智能劳动的价值来源的解释。

1）抽象劳动

智能劳动属于抽象劳动的范畴，即以智力、知识和创造性思维为基础的劳动形式。与具体劳动相比，抽象劳动具有普遍性和通用性，不依赖于特定的行业或职业。智能劳动者能够运用抽象思维、概念和理论来分析问题、制定策略和进行决策，从而为企业和社会创造独特的价值。

2）知识和创造力

智能劳动者凭借其知识和创造力，能够为解决问题、创新和创造价值的过程作出贡献。他们具备专业知识、技能和经验，能够将这些知识应用于实际情境中，并运用创造性思维提供新颖的观点和解决方案。智能劳动者的知识和创造力是他们为企业和社会创造价值的重要资本。

综上所述，智能劳动的价值来源于智能劳动者的抽象劳动，即他们运用知识、技能、创造力和创新思维解决复杂问题、创造价值和推动进步。智能劳动者通过其专业能力和智力资本为企业和社会带来切实的价值贡献，促进经济和社会的可持续发展。

3. 智能劳动与价值创造的关系

智能劳动与价值创造之间存在着密切的关系。智能劳动是通过智力、知识和创造性思维进行的劳动形式，而价值创造是智能劳动所带来的结果。以下是智能劳动与价值创造之间的关系。

1）知识和专业能力

智能劳动者凭借其知识和专业能力，能够为企业和社会创造价值。他们具备领域内的专业知识、技能和经验，能够将这些知识应用于实际工作中，并通过创造性思维提供新颖的观点和解决方案。智能劳动者的知识和专业能力是他们为企业和社会创造价值的重要基础。

2）创新和创造力

智能劳动者的创新和创造力是价值创造的重要驱动力。他们能够运用创造性思维和创新方法，提供新颖的想法、解决方案和产品。创新和创造力可以带来新的商业机会、提升产品和服务的竞争力，并满足不断变化的市场需求。智能劳动者通过创新和创造力为企业创造附加值，推动业务增长和市场份额的提升。

3）问题解决和决策支持

智能劳动者通过解决复杂问题和提供决策支持，为企业创造价值。他们面临的问题通常具有多变性、不确定性和高度复杂性，需要通过分析、综合、判断和创新寻找解决方案。智能劳动者能够运用抽象思维和创造性的方法，提供高质量的解决方案和决策支持，推动业务的发展和问题的解决。

4）业务效率和效益提升

智能劳动者能够通过其智力和专业能力提高业务效率和效益，从而为企业创造价值。他们可以通过优化工作流程、提高生产力和质量、降低成本和风险，实现资源的最优配置。智能劳动者的工作成果和贡献直接影响企业的业绩和竞争力，为企业创造经济价值。

综上所述，智能劳动与价值创造之间存在着紧密的关系。智能劳动者通过其知识和专业能力、创新和创造力，解决问题、提供决策支持、提高业务效率和效益，从而为企业创造附加值和市场竞争优势，实现价值创造。智能劳动的质量、创新和专业能力直接影响着其对价值创造的贡献。

1.3.2 智能劳动面临的挑战

人类迈入 AI 时代后，伴随而来的不仅有新的机遇，也有新的挑战。智能劳动虽然具有巨大的潜力和价值，但在实践中，也需要面对并解决一系列复杂的问题。本小节重点探讨智能劳动面临的三个主要挑战。首先，讨论知识和技能更新的快速性，这不仅要求智能劳动者具有持续学习和适应的能力，也对企业和组织的人才发展和维护提出了新的要求。其次，分析劳动市场的变化，特别是 AI 对就业、岗位需求以及工作性质的影响。最后，审视对教育和培训的挑战，包括如何为未来的工作提供相关的教育和培训，以及如何确保智能劳动的公平性和包容性。

1. 知识和技能更新的快速性

智能劳动面临的一大挑战就是知识和技能更新的速度性。在今天这个信息化、技术化进程日益加速的世界中，新的技术、工具和方法不断涌现，以至于现有的知识和技能可能很快就会过时。这对智能劳动者提出了以下几个挑战。

1）终身学习

智能劳动者需要成为终身学习者，持续学习新的知识和技能，以跟上时代的步伐。这意味着需要他们投入更多的时间和精力进行学习和提升。

2）学习策略

由于知识更新的速度非常快，智能劳动者需要制定出能够快速、有效地吸收新知识和技能的学习策略。这包括如何找到和评估最新的信息源，以及如何通过实践来掌握新的技能。

3）技能规划

在一个不断变化的环境中，智能劳动者需要对自己的职业生涯进行规划，确定哪些技能是最需要学习和提升的。这需要他们持续地关注行业的发展趋势，以及预测未来可能需要的技能。

4）竞争压力

随着知识和技能的更新，竞争压力也在不断增加。智能劳动者需要保持自己的竞争力，否则他们可能会被更有技能、更能适应新环境的人取代。

5）心理压力

快速的知识更新也可能给智能劳动者带来心理压力，因为他们需要在短时间内学习大量的新知识和技能。

这些挑战需要智能劳动者、教育机构和政策制定者共同应对，以确保智能劳动者能够有效地适应知识和技能的快速更新。

2. 劳动市场的变化

智能劳动者也必须面对劳动市场的变化带来的挑战。这些变化包括新的工作机会的出现和消失、工作性质的变化以及对技能和知识需求的变化等。以下是一些具体的挑战。

1）自动化和 AI

随着技术的进步，一些传统的职业和工作任务会被自动化或由 AI 来完成。这意味着某些职业的需求会下降，而需要与这些新技术交互或管理这些新技术的职业的需求会上升。

2）工作性质的改变

智能化的劳动需要更高级别的技能，如创新、批判性思维、解决问题的能力和沟通能力。这要求智能劳动者不断更新他们的技能集，以适应新的工作环境。

3）劳动市场的不确定性

新的技术和经济趋势可能使劳动市场更加不稳定，工作机会的持久性可能会减少。这可能会要求智能劳动者更频繁地改变工作或职业，或者需要他们具备更广泛的技能，以便适应不同的角色和环境。

4）灵活的工作模式

随着远程工作和自由职业者的增多，智能劳动者可能需要适应不同的工作模式，如自我管理、时间管理和远程协作。

5）社会经济的差异

科技变革也可能加剧社会经济的差异。那些能够适应并利用新技术的人可能会从中获益，而那些不能适应的人可能会落后。这可能会对社会经济的公正和稳定带来挑战。

为了应对这些挑战，智能劳动者需要持续学习和适应，而政策制定者和教育者也需要帮助他们获得必要的技能和知识，为他们提供必要的支持和保障。

3. 对教育和培训的挑战

随着科技的进步和工作环境的变化，教育和培训系统也需要进行相应的调整，以更好地满足智能劳动者的需求。以下是一些具体的挑战。

1）内容的更新

教育和培训的内容需要与时俱进，反映行业和工作市场的最新发展情况。这意味着教育和培训机构需要持续更新他们的课程和教学方法，包含最新的知识和技能。

2）技能的转变

智能劳动需要一种不同的技能组合，包括批判性思考、解决问题的能力、创新、数据分析、编程等。教育和培训机构需要调整他们的课程，以提供新的和更高级别的技能。

3）终身学习

智能劳动者需要成为终身学习者，以适应知识和技能的快速更新。然而，当前的教育和培训系统可能更注重初级和中级教育，而不是成人教育和终身学习。因此，需要发展新的模式和资源，以支持智能劳动者的终身学习。

4）个性化学习

每个人的学习方式和需求都不同。智能劳动者需要更个性化的学习路径和方法，以更有效地学习和发展。教育和培训机构需要发展更灵活和更个性化的学习解决方案。

5）普惠教育

教育和培训的机会和资源不均等地分布在社会中。有些人没有足够的机会和资源来获取和更新他们的知识和技能。这会加剧社会经济水平的差异，并对智能劳动者的公正和福祉带来挑战。

为了应对这些挑战，需要政策制定者、教育者和行业合作，改革教育和培训系统，以更好地满足智能劳动者的需求。

1.3.3 面对人工智能，提升智能劳动能力的路径

在 AI 日益成为人们日常生活和工作的重要部分的今天，如何提升智能劳动能力成为一个至关重要的问题。智能劳动者需要具备一系列的技能和能力，才能在这个新时代中成功并创造价值。本小节将深入探讨提升智能劳动能力的路径，包括提升数字技能和数据素养，培养创新思维和学习能力，以及提升人机协作能力。

1. 提升数字技能和数据素养

数字技能是指使用数字技术进行工作的能力，包括但不限于计算机编程、数据分析、网络技术等。数据素养是指对数据的理解和应用能力，包括但不限于数据收集、数据分析、数据可视化等。

1）作用

提升数字技能和数据素养对于提升智能劳动能力的作用如下。

(1) 数据驱动决策。在数字化时代，大量的数据用于支持决策制定。提升数据素养可以帮助人们更好地处理和分析数据，从中提取有用的信息，以便作出更明智的决策。数字技能和数据素养使人们能够利用各种工具和技术来处理和分析数据，掌握数据驱动的决策方法。

(2) 工作效率和自动化。数字技能使人们能够更高效地完成工作任务。熟练使用数字工具和软件，如电子表格、文档处理和项目管理工具，可以提高工作效率和准确性。此外，了解自动化工具和流程可以帮助人们优化工作流程、减少手动重复性任务的时间和精力消耗。

(3) 数据分析和问题解决。数字技能和数据素养能够培养数据分析和问题解决的能力。掌握数据分析工具和编程语言，能够对数据进行深入分析和解释，从中发现模式、趋势和

问题。这种分析能力可以帮助人们更好地理解业务情况，提出解决方案并优化业务流程。

（4）创新和竞争优势。数字技能和数据素养为智能劳动者提供了创新和竞争的优势。对于有能力使用数据进行洞察和预测的人来说，他们能够更好地理解市场趋势、客户需求和业务机会，从而开发新产品、改进现有业务模式，并获得竞争优势。

（5）跨界合作和有效沟通。数字技能和数据素养有助于促进跨界合作和有效沟通。在数字化工作环境中，人们需要能够有效地与不同专业背景和技术水平的人合作。通过具备数字技能和数据素养，人们可以更好地理解和交流技术相关的概念，从而促进团队合作和知识共享。

2）措施

数字技能和数据素养是当今社会的重要技能，为了提升这些技能，可以采取以下措施。

（1）学习基础数学和统计学知识，包括数据收集、处理和分析。

（2）学习编程和数据分析技术，如 Python、R、SQL 等编程语言，以及数据可视化工具，如 Tableau、Power BI 等。

（3）参加在线课程或培训班，学习数字技能和数据分析的基础知识和实践技能。

（4）阅读相关书籍和文章，了解数字技能和数据分析的最新发展和应用。

（5）参加行业研讨会或技术网络会议，与同行交流并获取最新的行业信息和技术知识。

（6）实践应用数字技能和数据分析，如在业务或研究项目中应用编程和数据分析技术，并培养批判性思维和问题解决能力，以便在数据分析过程中作出明智的决策和发现有效的解决方案。

总之，提升数字技能和数据素养需要不断学习和实践，并保持对最新技术和应用的关注。这样才能在数字化时代中更好地应对挑战，并发挥数字技能和数据素养的潜力。

2. 培养创新思维和学习能力

创新思维是指一种以创造性和非传统方式思考问题和解决问题的思维方式，涉及对问题的重新定义、从不同角度思考问题、发现新的解决方案和方法的能力。学习能力是指通过获取、理解和应用新知识和技能来适应不断变化的环境和要求的能力，涵盖了不断学习和成长的态度、有效地获取和处理信息以及应用所学知识的能力。

创新思维和学习能力之间存在一定的关联。创新思维鼓励个体从新的角度思考问题和挑战传统思维模式，而学习能力为个体提供了获取新知识和技能的工具和方法。

1）作用

创新思维和学习能力的培养对于提升智能劳动能力的作用如下。

（1）适应现代社会和工作环境的不断变化和演进。培养创新思维和学习能力可以帮助智能劳动者更好地适应现代社会和工作环境的不断变化，主动寻求新的解决方案和方法。创新思维能够启发智能劳动者的创造力，鼓励他们思考问题时采用不同角度，并找到非传统的解决方案。学习能力使智能劳动者能够持续学习和发展，与技术和行业的进步保持同步。

(2) 解决复杂问题。培养创新思维和学习能力有助于解决复杂问题。创新思维能够帮助智能劳动者从新的角度看待问题，并提供创造性的解决方案。学习能力使智能劳动者能够获取新知识和技能，从而在面对挑战时能够快速学习并应用新的解决方法。

(3) 提高工作效率和效果。培养创新思维和学习能力可以帮助智能劳动者提高工作效率和效果。运用创新思维，智能劳动者能够识别出改进和优化工作流程的机会，并提出新的方法和工具来提高生产力。学习能力使智能劳动者能够掌握新的技术和工具，以提高工作效率和准确性。

(4) 探索新机会和创造价值。培养创新思维和学习能力使智能劳动者能够发现新的机会和创造价值。创新思维使智能劳动者能够识别市场需求的变化，并通过创新的产品、服务或业务模式来适应这些需求的变化。学习能力使智能劳动者能够不断更新知识和技能，以适应新的机遇和趋势。

(5) 强化竞争优势。培养创新思维和学习能力为智能劳动者提供了竞争优势。在快速变化的数字化时代，那些能够不断创新和学习的人更有可能在职业发展中脱颖而出。他们能够跟上技术和市场的发展，不断提升自己的能力和价值。

2) 措施

培养创新思维和学习能力是在不断变化的世界中取得成功的关键。为了培养这些能力，可以采取以下措施。

(1) 保持好奇心和开放的思维方式。勇于挑战传统观念和思维方式，接受不同的观点和意见，学会从不同的角度思考问题。

(2) 培养观察力和洞察力。注意观察周围的事物和现象，探索事物背后的本质和原因。

(3) 积极对待失败。将失败视为学习的机会，从中吸取教训并改进自己。进行反思，思考自己的决策和行动，找出改进的方法。

(4) 多样化的学习方式。尝试不同的学习方式，如阅读、观看视频、参加培训课程等。通过多样化的学习方式，可以获得更广泛的知识和经验，激发创新思维。

(5) 鼓励主动学习和自主探索。设定学习目标，利用互联网和技术工具，探索新知识和领域，不断追求个人和专业发展。

(6) 与他人合作和交流。参与团队项目，共享想法和知识，促进创新思维的产生。

(7) 持续练习和实践。尝试解决现实生活中的问题，进行实践项目，发挥创造力。通过实践，可以不断锻炼自己的创新思维和学习能力。

总之，创新思维和学习能力的发展需要培养好奇心和观察力、接受失败、多样化学习方式、主动学习、与他人合作以及持续练习和实践。通过这些措施逐渐培养出独特的创新思维和高效的学习能力，为个人和职业发展打下坚实的基础。

3. 提升人机协作能力

人机协作能力是指人类与机器或计算系统合作共同完成任务和工作的能力。它强调了人与机器之间的互动、协同和相互支持。人机协作能力不仅仅是简单地将人类和机器放在同一个工作场景中,而是通过合理分配任务、信息共享、实时交流和相互协作,使人和机器能够有效地合作,共同达成目标。

1)内容

人机协作能力涉及以下几个方面。

(1)任务分配和协调。在人机协作中,任务需要根据人和机器的优势来合理分配和协调。人负责进行高级思维、判断和决策等需要人类智慧和经验的任务,而机器则负责处理大规模数据、自动化操作和精确计算等机器的专长领域的任务。

(2)信息共享和交流。有效的人机协作需要实现信息共享和交流。人和机器之间需要共享数据、结果和反馈信息,以便相互了解对方的状态和需求。这包括实时交流、数据传输和共享文档等方式,确保双方能够基于准确的信息进行决策和行动。

(3)相互适应和学习。人机协作能力还涉及人和机器之间的相互适应和学习。机器可以通过机器学习和 AI 技术,根据人的行为和反馈信息不断优化自身的性能和推荐。人也需要适应和学习机器的特点和能力,以便更好地与机器协同工作,从而提高整体的工作效率和质量。

(4)界面设计和用户体验。人机协作的成功还需要考虑良好的界面设计和用户体验。机器的界面应该友好、易于操作和符合人的认知习惯,使人能够方便地与机器进行交互和控制。同时,用户体验的好坏也会影响人与机器的合作效果和效率。

2)措施

人机协作能力的提升可以将人和机器的优势相互结合,提高智能劳动的效率、质量和创新能力。为了提升人机协作能力,可以采取以下措施。

(1)了解机器学习和 AI 的基本原理,以及机器学习算法的实现方法。

(2)学习机器学习和 AI 领域的专业知识,如深度学习、自然语言处理、计算机视觉等。

(3)掌握机器学习和 AI 的开发工具,如 PyTorch、TensorFlow、Keras 等。

(4)参加相关培训课程或技术网络会议,与同行交流并获取最新的行业信息和技术知识。

(5)实践应用机器学习和 AI 技术,如在自己的业务或研究项目中应用这些技术,并培养与机器沟通的能力,以便更好地理解机器的行为和决策。

(6)重视人文素养和道德考量。在与机器进行协作时,需要思考伦理和社会影响,尊重隐私权、数据安全和公平性等价值观,并确保机器的使用符合道德和法律的要求。

总之,提升人机协作能力需要不断学习和实践,并保持对最新技术和应用的关注。这样才能更好地与机器进行合作,并发挥机器学习和 AI 技术的潜力。通过合理利用机器的计算能力、数据处理能力和自动化能力,智能劳动者能够更好地应对复杂的问题和任务,更高效地处理工作,提高个人和组织的竞争力。

思考题

(1) 智能劳动是如何创造价值的？它与传统劳动方式在价值创造方面有什么不同？

(2) 智能劳动在现代经济中的价值和重要性是如何发展变化的？

(3) AI如何影响和推动智能劳动的价值创造？

(4) 智能劳动面临的主要挑战是什么？这些挑战是如何产生的？应该如何解决？

(5) 教育和培训如何应对智能劳动的挑战，并帮助劳动者提升智能劳动能力？

(6) 在面对AI的大背景下，如何理解和提升个人的智能劳动能力？如何规划自己的学习和职业道路？

第二章 基于虚拟现实技术的劳动实践

2.1 爱惜粮食，尊重劳动

学习目标

(1) 了解"四无"粮仓的历史和精神内涵；
(2) 在实践过程中磨炼自己艰苦奋斗、精益求精的意志品质；
(3) 在平时的生活中能爱惜粮食，尊重劳动；
(4) 掌握常用的 VR 全景技术。

虚拟现实(VR)全景技术是 VR 的重要技术之一，可以比较逼真地还原现实世界。用户在搭建的虚拟世界中，会有身临其境的感觉。本节以创建余杭"四无"粮仓 VR 博物馆为例，让学生在实地拍摄、采集、处理资料、设计、规划、搭建场景的整个劳动实践过程中，感受老一辈粮食工作者爱岗敬业、艰苦奋斗、精益求精的职业精神。

2.1.1 课程导入：余杭的"四无"粮仓

余杭仓前粮仓起源于南宋时期的临安便民仓，粮仓于南宋绍兴二年(公元1132年)建成，有敖仓60间，仓厅18间，四周围墙长250丈(1丈≈3.33 m)，当时颇具规模。清嘉庆年间的《余杭县志》记载："临安便民仓，在县东十里，今名其地曰仓前。"随着历史变迁，临安便民仓不复存在，现在的仓前粮仓坐落于仓前老街最东端的余杭塘河边，坐北朝南，由四栋单体建筑的粮仓组成，其中两栋老仓建于清道光九年(公元1829年)，距今近200年；两栋新仓分别建于1957年和1963年，1957年建的那栋按照苏联专家设计的仓型建造，俗称"苏式仓"，为余杭县第一批砖瓦结构、沥青地坪的新式粮仓。四栋粮仓占地1 661 m²，加上庭院、走廊，库区面积达3 500 m²。库内仓库粉墙黛瓦，庭院花园中石景、小桥遍布，花红草绿，别有风味。

中华人民共和国成立之初，粮食仓库较为破旧简陋，工具也只有风车、筛子、扫帚等，保管人员多数不懂业务，虫害、霉害、鼠雀害相当严重，储存的粮食损失很大。据记载，仅1952年上半年，余杭全县就发生了16起粮食发热、霉坏、漏湿、虫蚀等仓储事故。当时余杭的粮食保管员看在眼里疼在心里，于是决心用自己的辛勤劳动和智慧保管好粮食，支援社会主义建设。他们以"宁流千滴汗，不坏一粒粮"的口号为指引，大搞清洁卫生、改善储粮条件，将粮仓的地面砌上地垄、铺上木板，四周也用木板作挡墙，俗称"地垄木板仓"；同时加强粮情检查、做好虫害防治，抓好入库粮质，开展劳动竞赛，凭着强烈的工作责任心和高度的敬业精神，日干夜干、苦干巧干，终于在1953年创造了全国首批"无虫"粮仓，1953年9月，经中央粮食部和浙江省粮食厅专家检查鉴定，余杭全县5个粮库80座粮仓有55座达到了"无虫"，仓前粮库当时的14座粮仓中就占了13座，在5个粮库中比例最高，地垄木板仓就是当年55座"无虫"粮仓之一。

1954年3月，余杭县又首次提出并创建了一批"无虫、无鼠、无雀、无霉"的"四无"粮仓，中央粮食部总结余杭保粮经验向全国推广，要求全国各地学习余杭经验。1955年4月，浙江省粮食厅按照国家粮食部颁发的全国统一标准，将"四无"内容调整为"无害虫、无变质、无鼠雀、无事故"。从此，全国粮食保管部门普遍和深入地开展"四无"粮仓的创建活动。

> **小贴士**
>
> 中华人民共和国成立初期，储粮方式比较落后，以物理手段为主，实现"四无"粮仓非常困难。"清扫地垄"就是其中一项极其艰难的工作。

中华人民共和国成立初期的粮仓多为由破烂仓库、祠堂、庙宇改造成的简易仓，1954年后国家投资建设了一批苏式仓。这个时期储粮的特点：一是仓库简易陈旧，多数为木质结构，容易藏虫和产生鼠雀危害；二是粮库被盗案件等各类事故时有发生；三是技术落后，储粮杀虫剂靠进口。因此，余杭县开展以清洁卫生防治和简单的物理机械预防为主的储粮建设。其主要方法包括嵌缝粉刷堵虫巢、风车溜筛除害虫、六寸移顶治麦蛾、压盖防虫隔湿热、耙沟通风降粮温、人工捕捉灭鼠雀、放哨值班防事故等。

现在看来这些方法简单、费工、费力，但在当时是实现"四无"粮仓的主要手段。这个时期的保防人员以库为家、以粮为友，日夜奋战在仓房，"晴天一身灰，雨天一身泥，手上起老茧，肩膀磨破皮，宁流千滴汗，不坏一粒粮"，硬是凭着主人公的责任感，凭着艰苦奋斗的精神，实现了"四无"粮仓，为我国粮食存储事业树立了榜样。

清扫工作中，最难处理的是仓板下的地垄（图2.1）。仓板离地仅1尺（1尺≈0.33 m）高，一排排的桩脚之间也只有1尺多宽，里面潮湿肮脏、发霉发臭，人只能爬进去清扫。当时任城关粮库主任的邢福河和闲林粮库保管员喻传秀带头爬进地垄，在他们的影响下，全县保管员消除顾虑，干劲倍增，将全县的粮仓都打扫得干干净净。

图 2.1　仓板下的地垄

2.1.2　劳动实践任务

1. 课时要求

建议 5 周内完成，课内 10 课时 + 课外 40 课时。

2. 任务要求

（1）前往余杭"四无"粮仓陈列馆现场，使用云平台进行实地拍摄。深度挖掘与劳动相关的优秀资源，将爱岗敬业、求实创新的优秀品格和艰苦奋斗、吃苦耐劳的创业精神融入作品中。

（2）通过 VR、三维全景等技术构建"四无"粮仓的三维数字化全景，实现粮仓沉浸式漫游、粮食安全知识视听学习、互动答题等功能。

注：实践地点根据学校实际情况而定。实践前完成分组，建议 5 人一组。小组提前互相协调任务分配，每个小组负责一个展厅。

建议每个展厅的场景至少拍摄照片 2 组，每组包含上下、左右、前后及补天补地照片 10 张，需保证每组照片拍摄参数一致且分辨率在 800 dpi 以上。

3. 实践步骤

（1）粮仓拍摄：自带云平台去现场拍摄粮仓陈列馆场景。

（2）影像处理：使用 PTGui 软件实现图像的场景拼接；掌握基于 Photoshop、Lightroom 图像处理软件的全景图像颜色处理方法。

（3）场景设计及素材准备：结合国家粮食安全教育及陈列馆展品设施，进行场景主题内容设计，搜集整理所需图文、音视频、互动答题等素材。

（4）虚拟馆搭建：使用 Krpano XML 编程语言完成 VR 余杭"四无"粮仓陈列馆的场景搭建，以及各类型热点素材的添加。

（5）测试上线：测试检查场馆在不同平台的浏览效果，学习场馆服务器上线方法。

注：建议 5 人一组，5 个步骤每周完成一个，共 5 周时间。

2.1.3 优秀学生作品展示：VR云游"四无"粮仓

《VR云游"四无"粮仓，守护粮食安全铸未来》是一部以国家粮食安全教育为核心的VR作品。整部作品以一粒米从田野到仓库再到餐桌的漫长且曲折的历程为故事线索，详述其间无数守粮人的辛勤付出与坚守前行。作品巧妙地将粮食安全知识点融入"四无"粮仓陈列馆的VR全景展示，更容易让用户在观赏过程中产生共鸣。

作品分为5个部分：粮食耕种文化，粮仓文化，老一辈"四无"粮食储存技术，现代粮食储存与防病害技术和国家粮食问题与挑战。作品主要包括讲解、展示、互动测试和自主学习4个模块。作品效果如图2.2至图2.7所示。

图2.2　余杭"四无"粮仓陈列馆正门

图2.3　场景切换效果

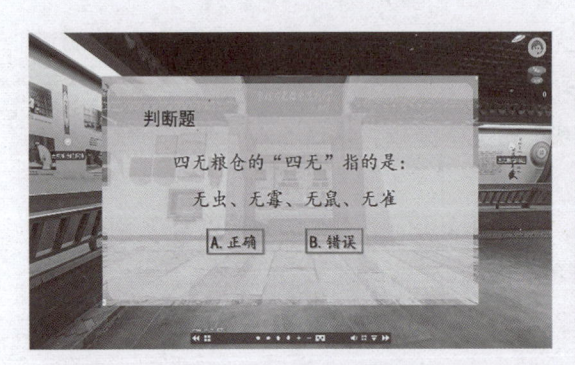

图2.4　互动答题效果

图2.5　图片、视频热点

图2.6　视频热点播放效果

图2.7　VR互动浏览效果

2.1.4 作品研发的技术路线

1. 环节一：实地获取影像

通过实地走访余杭"四无"粮仓陈列馆，拍摄余杭"四无"粮仓陈列馆影像素材，聆听"四无"粮仓的保粮故事，感悟老一辈人的实干创新精神。

所需设备/软件二选一：①单反相机、鱼眼镜头、720°全景云台、三脚架；②360°全景一体机，如图 2.8 所示。

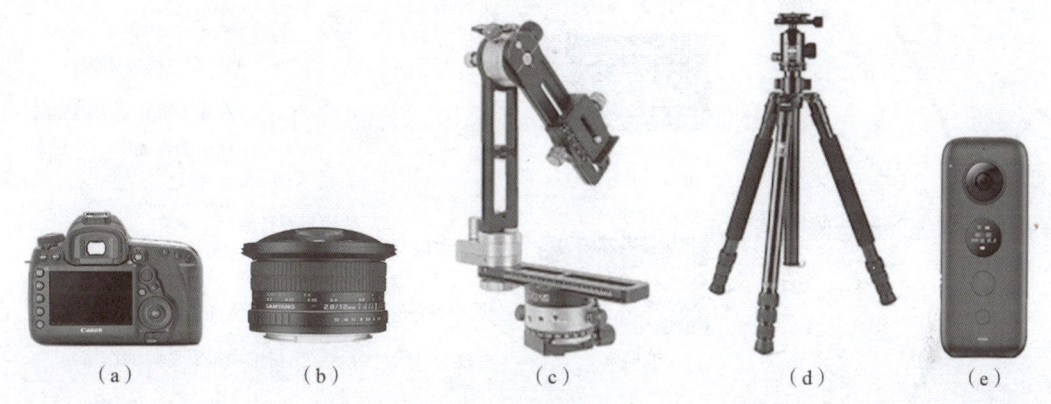

图 2.8 所需设备情况

(a)单反相机；(b)鱼眼镜头；(c)720°全景云台；(d)三脚架；(e)360°全景一体机

具体操作：根据场馆的实际情况和拍摄需求，选择合适的拍摄工具进行实地拍摄。单一场景拍摄素材数量由设备基础信息决定。拍摄过程中应注意操作规范，及时查看拍摄效果以保证拍摄素材的质量。影像素材应尽量避免出现与场景无关的人或物。此环节建议以小组为单位进行。

2. 环节二：处理影像素材

使用拼接软件 PTGui，图像处理软件 Photoshop、Lightroom 对影像素材进行处理。

所需设备/软件：PTGui、Photoshop、Lightroom 等。

具体操作：将影像素材按照场景进行分组处理。使用拼接软件 PTGui 进行全景拼接，如图 2.9 所示，并通过 HDR 处理，完成后期影像的拼接；由于取景时各光线条件存在误差，影响成品图的质量和效果，最后使用图像平滑功能以及 Photoshop、Lightroom 等图像处理软件进行微调，统一图像色调，完成最终的图像优化。

图 2.9 使用 PTGui 进行全景拼接

3. 环节三：构思场景规划

对场馆搭建的图像、视频、音频、问答素材进行归纳分类，绘制场馆搭建思维导图，如图 2.10 所示。

余杭"四无"粮仓陈列馆

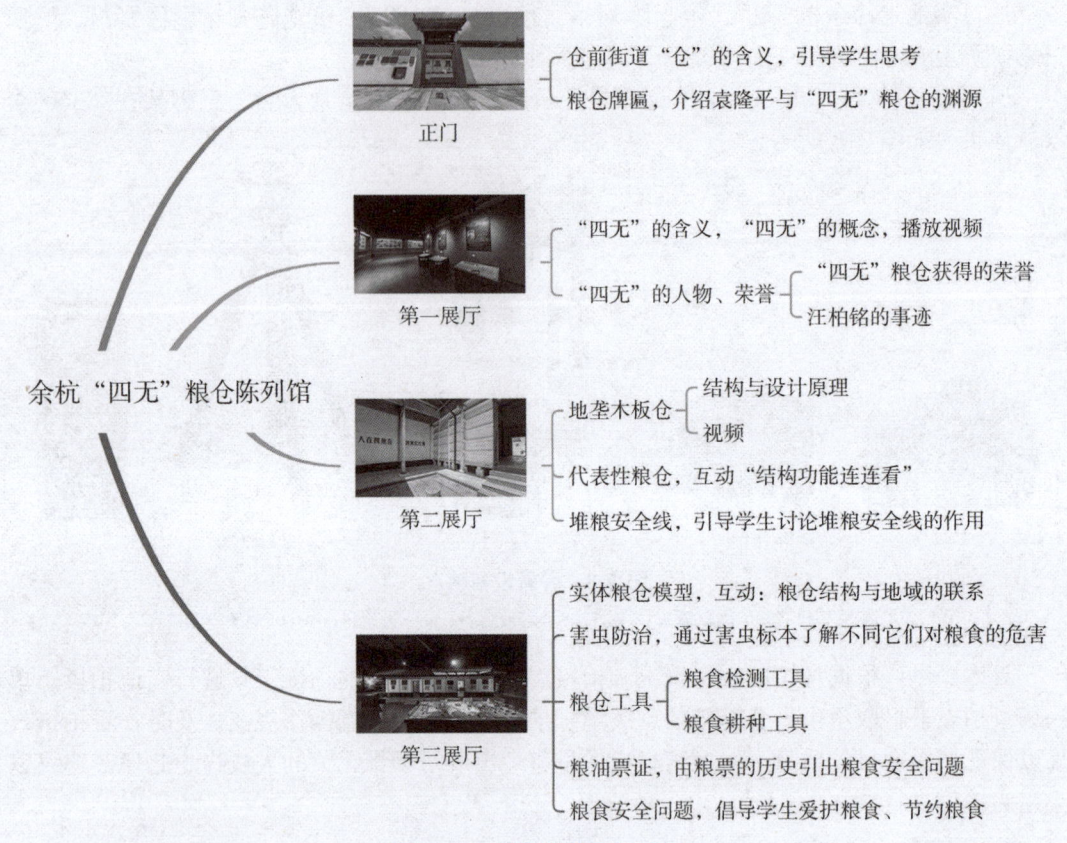

- 正门
  - 仓前街道"仓"的含义，引导学生思考
  - 粮仓牌匾，介绍袁隆平与"四无"粮仓的渊源
- 第一展厅
  - "四无"的含义，"四无"的概念，播放视频
  - "四无"的人物、荣誉
    - "四无"粮仓获得的荣誉
    - 汪柏铭的事迹
- 第二展厅
  - 地垄木板仓
    - 结构与设计原理
    - 视频
  - 代表性粮仓，互动"结构功能连连看"
  - 堆粮安全线，引导学生讨论堆粮安全线的作用
- 第三展厅
  - 实体粮仓模型，互动：粮仓结构与地域的联系
  - 害虫防治，通过害虫标本了解不同它们对粮食的危害
  - 粮仓工具
    - 粮食检测工具
    - 粮食耕种工具
  - 粮油票证，由粮票的历史引出粮食安全问题
  - 粮食安全问题，倡导学生爱护粮食、节约粮食

图 2.10　场馆搭建思维导图

所需设备/软件：Xmind 等思维导图软件。

具体操作：依据场馆的不同主题将场景进行详细划分，推荐使用思维导图的形式为每个场景构思需要添加的效果并收集相应素材，以便于确定推荐的浏览路线。

4. 环节四：搭建虚拟场馆

借助 Krpano 平台使用 Krpano XML 编程语言完成 VR 余杭"四无"粮仓陈列馆的场景搭建与相应效果的添加，如图 2.11 所示。

所需设备/软件：Krpano。

具体操作：借助 Krpano 平台对全景图进行切图，生成 VR 余杭"四无"粮仓陈列馆。平台支持各多媒体的应用，如音频、视频在虚拟漫游场景的应用，并支持多媒体作为热点实现动作的跳转、展示等功能。根据环节三的场景规划，可以通过 Krpano XML 编程语言将图文、视频、音频素材添加进各个场景中；为场景添加讲解语音与背景音乐；设置全景漫游、VR 视角的相互切换；设置趣味问答检验学习效果，增强更多的交互性。

图 2.11　借助 Krpano 平台搭建虚拟场景

5. 环节五：多端测试上线

通过测试在不同平台的参观浏览效果，上线 VR 余杭"四无"粮仓陈列馆。

所需设备/软件：个人计算机（Personal Computer，PC）端、移动端设备。

具体操作：使用 PC 端、移动端等不同设备，登录环节四所制作的 VR 余杭"四无"粮仓陈列馆，测试每一个场景中的每一个功能、效果能否顺利实现，及时修改以适配多端设备，如图 2.12 所示。待适配工作结束后，方可上传至服务器公开。

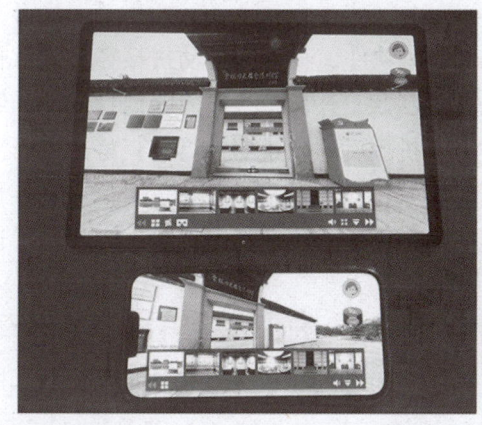

图 2.12　PC 端、移动端测试

2.1.5　关键技术与实操

1. 环节一：全景照片的合成拼接

1）720°全景照片

全景照片通常是指超出人的双眼正常有效视角，乃至 360°完整场景范围拍摄的照片，能给人们带来全新的现场感和交互感。720°全景展示技术是目前全球范围内迅速发展并逐步流行的一种视觉新技术，它以相机为中心（球心），通过多角度采集环境图像，图像经过专业全景拼接软件矫正处理后以球形几何关系合成映射到三维空间，形成水平 360°和垂直 360°的环视效果。用户可以放大或缩小，并在各个方向移动观看场景，以达到模拟和再现场景真实环境的效果。

通常一组全景照片由水平方向 6 张照片(每张照片间隔 60°拍摄)和垂直方向 2 张照片(天和地各 1 张)组成,如图 2.13 所示。为了保证图像后期的拼接效果,拍摄时需注意相邻两幅图像的重叠区域应该不小于图像大小的 25%,并对相机三脚架所在位置补拍 1 张照片用于地面修补。

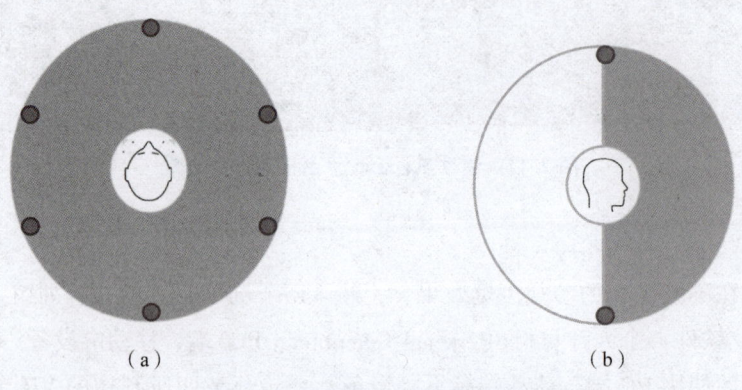

图 2.13 全景照片拍摄角度示意
(a)水平方向 360°;(b)垂直方向 180°

2)实现技术与条件:全景拼接软件 PTGui

PTGui 是一款功能强大、易于使用的全景照片拼接软件,其智能自动拼接算法能够检测和匹配不同照片中的共同特征点,实现图片的无缝拼接。PTGui 不仅能够处理横向和纵向的图片,还可以处理不同角度和曝光的照片,确保拼接后的全景照片具有良好的色彩准确性和图像质量。除此之外,该软件还提供了镜头校正、投影选项、曝光调整、颜色校正、去除瑕疵、添加标记等高级编辑和调整功能,用户可以通过选择不同的镜头模型、调整视场角度和旋转角度,进一步优化和美化全景照片。

在全景拼接过程中,可将 8 张基础照片水平一次性导入软件中,通过"加载影像"→"控制点对齐影像"→"蒙版修复"3 个基本步骤,不断测试和优化拼接效果。具体流程如图 2.14 所示。

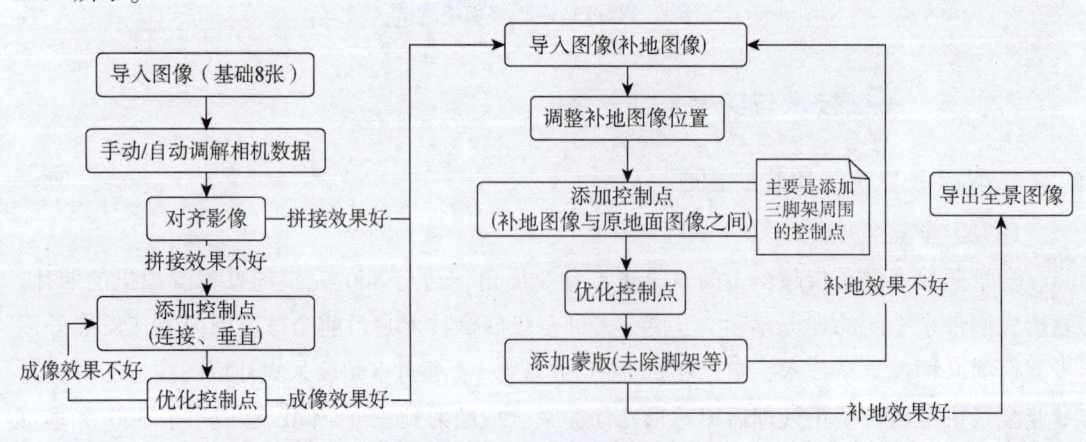

图 2.14 全景拼接基本流程

3)实现步骤

(1)加载影像:选择"加载图像"→"选择源影像"标签,导入影像时按住〈Ctrl〉键,将同一场景不同角度拍摄的图片组一次性导入来源影像中,根据相机设置全景的镜头焦距参数,创建全景影像,如图 2.15 所示。

图 2.15　PTGui 图像拼接界面

(2)对齐影像:选择"控制点"标签,在左右编辑器中选中两幅需对齐的影像。系统会对输入影像进行匹配特征分析,自动生成系列控制点用于指示影像重合,实现影像的对齐拼接,如图 2.16 所示。全景拼接的效果可以通过全景编辑器预览,如果存在明显的画面扭曲、图像未对齐的情况,则需要转到控制点选项卡手动调整垂直和水平方向的控制点数量和位置,也可通过图像优化器修改影像位置和镜头参数,以达到最佳对齐效果,如图 2.17 所示。

拼接操作界面　　图像的修改可在视图界面实时查看效果　　全景视图界面

图 2.16　PTGui 图像拼接测试界面

(3)遮罩处理:全景图像拼接时,接缝通常放置在两个源影像重叠区域的中间。但是当全景图包含移动物体时,可能导致拼接图像错误,这时可通过菜单栏"遮罩"来添加蒙版和掩模消除特定区域的影响。例如:在实际处理中,运用"遮罩"消除相机三脚架所在位置。

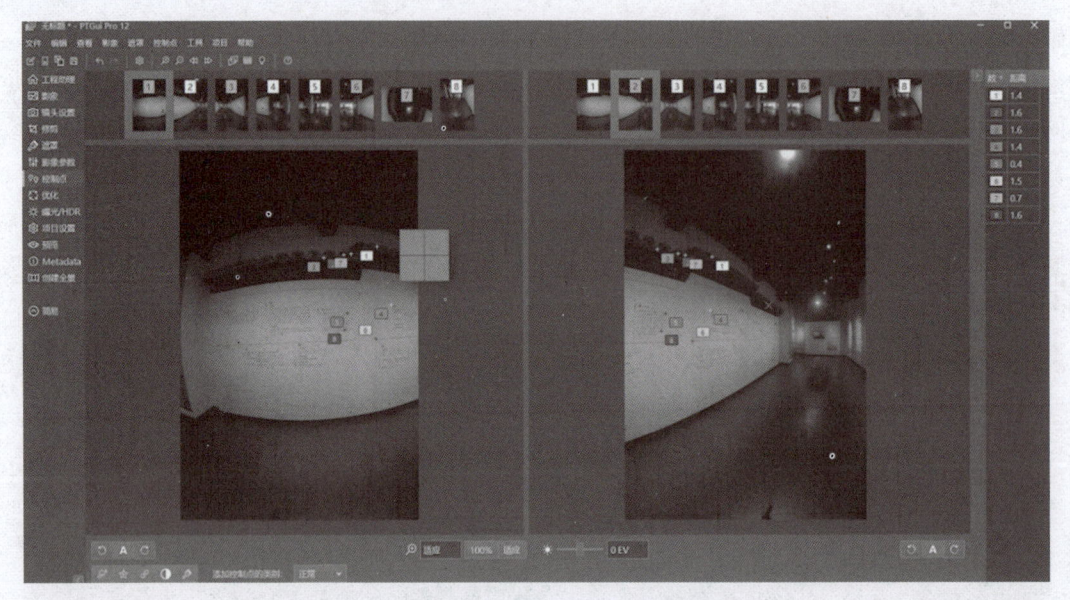

图 2.17　PTGui 图像控制点对齐界面

2. 环节二：VR 全景展示与漫游场景搭建

1）VR 全景展示与漫游

VR 全景展示与漫游技术通过计算机图形图像技术，将拼接合成的全景图像转换为真实物理世界的虚拟空间，让用户能控制浏览的方向，或左或右、或上或下地观看物体或场景，仿佛身临其境。VR 全景展示与漫游技术主要通过使用头戴式显示器（也称 VR 头盔）和其他交互设备（如手柄控制器）来创建身临其境的 VR 场景，并模拟现实中的视觉、听觉和触觉体验，让用户在虚拟场景中自由移动和互动。与传统的 3D 建模相比，VR 全景展示与漫游技术制作简单、数据量小、系统消耗低且更有真实感。通过 VR 全景展示与漫游技术，能够将博物馆内的文物信息全面、客观地记录下来，方便文物信息管理，而且用户可以单独选择其感兴趣的文物任意旋转并放大或缩小来近距离欣赏。

2）实现技术与条件：Krpano 全景漫游制作软件

Krpano 是一款小型且灵活的全景漫游制作工具及展示引擎，可以兼容 HTML5 浏览器和 Flash 格式，制作基于 WebGL 的 WebVR 全景虚拟漫游项目，也可通过自定义 Krpano XML 代码脚本编写，开发定制化、个性化的扩展交互式虚拟场景。目前，市面上使用比较广泛的 720°云、光鱼全景、四方环视、全景映画等平台，都使用 Krpano 作为全景生成、切片、漫游的底层引擎。由于各版本的 Krpano 操作说明和文件包结构存在一定差异，本书以 Krpano 1.20.9 版本（Windows 64 bit）为例，介绍 Krpano 软件的文件目录结构（Krpano 文件目录结构如图 2.18 所示）和使用方法，用户可自行登录网站（https://krpano.com/home/）下载最新版软件。

3）实现步骤

（1）全景展示：准备一组拼接好的全景图素材，运行 MAKE VTOUR Droplet.exe，将需要的全景图片一次性导入切图界面，如图 2.19(a) 所示。切图完成后，系统将自动生成

vtour 文件夹，该文件夹包含切图的全景图片、基础图片和源代码等，如图 2.19(b)所示。Windows 系统双击 tour_testingserver.exe 即可预览全景场景，iOS 系统则单击 tour_testingserver_macos。

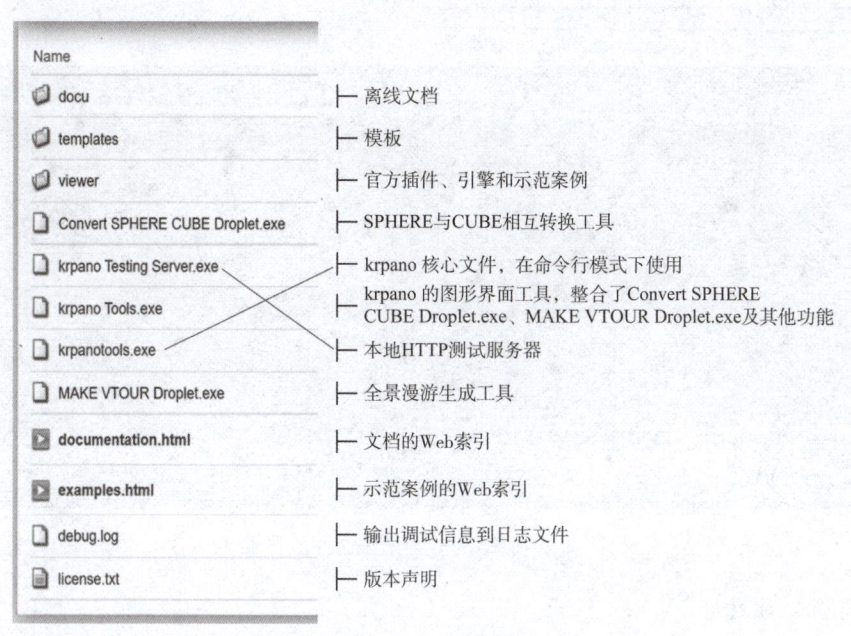

文件	说明
docu	├─ 离线文档
templates	├─ 模板
viewer	├─ 官方插件、引擎和示范案例
Convert SPHERE CUBE Droplet.exe	├─ SPHERE 与 CUBE 相互转换工具
krpano Testing Server.exe	├─ krpano 核心文件，在命令行模式下使用
krpano Tools.exe	├─ krpano 的图形界面工具，整合了 Convert SPHERE CUBE Droplet.exe、MAKE VTOUR Droplet.exe 及其他功能
krpanotools.exe	├─ 本地 HTTP 测试服务器
MAKE VTOUR Droplet.exe	├─ 全景漫游生成工具
documentation.html	├─ 文档的 Web 索引
examples.html	├─ 示范案例的 Web 索引
debug.log	├─ 输出调试信息到日志文件
license.txt	├─ 版本声明

图 2.18　Krpano 文件目录结构

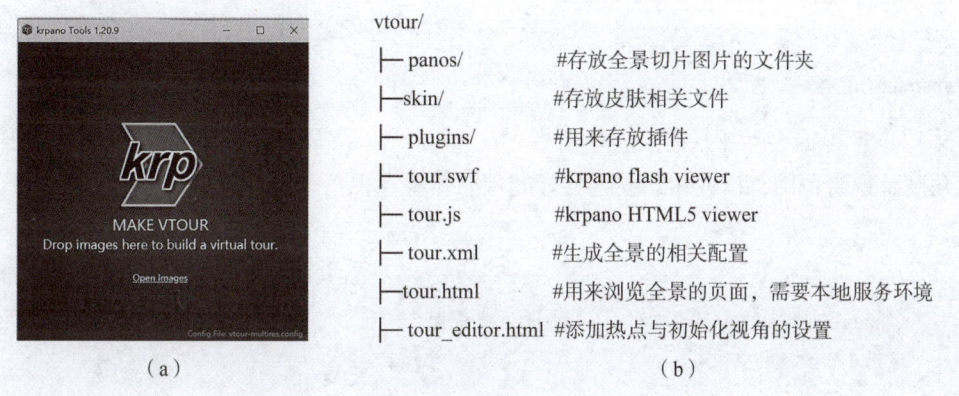

```
vtour/
├─ panos/              #存放全景切片图片的文件夹
├─ skin/               #存放皮肤相关文件
├─ plugins/            #用来存放插件
├─ tour.swf            #krpano flash viewer
├─ tour.js             #krpano HTML5 viewer
├─ tour.xml            #生成全景的相关配置
├─ tour.html           #用来浏览全景的页面，需要本地服务环境
├─ tour_editor.html    #添加热点与初始化视角的设置
```

(a)　　　　　　　　　　　　　　(b)

图 2.19　Krpano 切图界面和 vtour 文件夹结构
(a)Krpano 切图界面；(b)vtour 文件夹结构

（2）全景漫游：全景漫游与全景展示不同，全景漫游可以实现从一个场景到另一个场景的自由转换，这需要使用 VTour Editor 添加和编辑热点（Hotspot）并设置每个场景的初始化视角（Startup View）等属性。

第一步：将自动生成的 vtour 文件夹中的 tour.xml 导入 Krpano 软件，如图 2.20 所示，tour.xml 文件里存放一些场景（Scene）和皮肤（skin）的设置。每张全景图导入后，均各自生成对应场景 Scene 标签，也就是每一个 Scene 标签代表一个漫游全景。通过 Scene 标签可以区分各场景的独立元素，如视角参数、切片、热点和图片等。

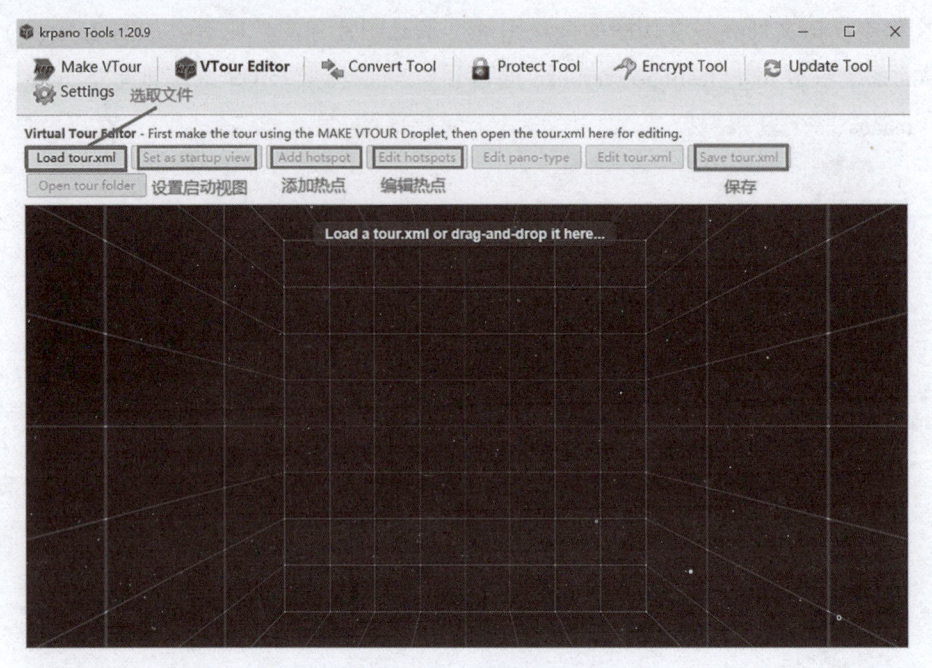

图 2.20　Krpano 全景漫游生成界面

Scene 标签属性如下：

name:场景的名称,在 loadscene()动作中,作为跳转目标场景参数；
onstart:用于定义在场景启动时执行的动作；
title:场景名称；
thumburl:缩略图地址。

第二步：根据实际场景需要，单击 Set as startup view 按钮设置初始化场景的水平角度、垂直角度及视野范围，以使用户获得良好的观感体验。视角(View)的具体参数说明如下：

```
<view hlookat="0.0"          <! 水平视角,-180°至 180°>
      vlookat="0.0"          <! 垂直视角,-90°至 90°>
      camroll="0.0"          <! 镜头旋转视角>
      fovtype="VFOV">        <! 定义视场角类型>
```

其中，fovtype 参数有 4 种设置：VFOV 为垂直视场，基于屏幕的高度；HFOV 为水平视野，基于屏幕宽度；DFOV 为看对角线场，基于屏幕的对角线；MFOV 为最大的视场（动态混合 VFOV 和 HFOV）。

注意：fovtype 在移动端的默认值为 MFOV！

第三步：单击 Add hotspot 按钮添加热点样式和动作，在热点上添加单击事件，实现单击热点跳转到另一个场景；将箭头拖动至需要添加热点的位置，单击箭头进行热点编辑（初始功能为前往下一场景），单击 save 按钮即可完成热点添加。也可以通过编辑热点的水平坐标(ath)和垂直坐标(atv)属性，直接调整热点定位，相应代码如下：

```
<hotspot name="spot1" ath="110.000" atv="-9.000" url="skin/hotspot.png" />
```

第四步：保存 tour.xml 即可在浏览器中查看漫游场景。

完成以上步骤后，一个简单的全景漫游项目就已实现，用户可以通过放大、缩小、左右按键和指示箭头自由切换场景，实现场景的自由浏览。

3. 环节三：交互功能设计与实现

1）VR 交互功能简介

与传统展示形式相比，VR 全景弥补了传统方式片面或碎片化的痛点，能够使信息传达更加可视化，空间展示更加完整。对于博物馆、文化馆和科技馆等展馆来讲，VR 全景不仅可以让参观者随时、随地、零距离浏览藏品，还可以通过数字人导览、展品语音或视频讲解、3D 环物等功能，为参观者提供丰富的背景信息，让参观者能够深入了解藏品背后的故事和历史文化价值。Krpano 软件除实现基础漫游展示功能外，还可以通过 JavaScript 和 XML 开发多种交互功能，将文字、图片、音乐、视频、特效等以标签的形式内置到 VR 空间，扩展虚实边界，让信息传达效率大幅提升。

2）实现技术与条件：XML 语言高级用法

XML 可扩展标记语言是一种用于标记电子文件使其具有结构性的标记语言，可以用来标记数据、定义数据类型，也可以允许用户自己标记语言进行定义。它的打开方式比较便捷，用户使用记事本即可打开文件编辑，也可以下载专业的代码编辑器 Sublime Text 打开。Sublime Text 支持多种编程语言的语法高亮，拥有优秀的代码自动完成功能和代码片段功能，可以大幅提升阅读感和代码编辑效率。

Krpano XML 本身也是 XML 语言，但有着自己特定的元素和语法。对于高级的交互功能，需要通过使用 Krpano XML 和 Krpano Actions-script 或 JavaScript 来实现。tour.xml 是 Krpano 最重要的配置文件，也称为主 XML 文件。它是控制全景漫游中具体各项参数的文件，如展示哪些全景、全景的浏览方式、是否有热点、是否有链接、链接如何跳转等信息，浏览器都通过调用主 XML 文件或者定义 URL 属性来实现。

tour.xml 属性如下：

```
<krpano version="1.20.09" title="Virtual Tour">    <! 根元素>
<include url="skin/vtourskin.xml" />              <! 引入皮肤模板>
<skin_settings ... />                              <! 自定义元素,设置皮肤>
<action>...</action>                               <! 动作,启动时自动加载第一个场景>
<scene ... >                                       <! 存储场景代码块,被 loadscene 的场景代码块将
                                                      被解析>
    <control ... />
    <view ... />                                   <! 视野设置>
    <preview ... />                                <! 预览图设置>
    <image ... >                                   <! 全景图设置>
    <hotspot ... />                                <! 设置热点>
</scene ... >
</krpano>
```

3) 实现步骤

(1) 典型热点标签 hotspot 的添加方法。

hotspot 热点标签是 Krpano 最常用的标签之一。VR 场景中最常见的箭头就是一种热点标签，主要用于场景跳转。其实，任何附着在场景上的多媒体元素（随场景转动）都可称为热点。热点根据显示方式不同，可简单分为一般热点（图片热点、声音热点、视频热点）和多边形热点，它们之间通过热点 URL 属性的插入文件格式来区分。

一般热点属性信息如下：

```
<hotspot name="..."        <! 定义热点名称>
    type="image"           <! 定义热点类型，只能是 image>
    url="..."              <! 热点图像路径，支持 swf、jpg、png、gif>
    alturl="..."           <! HTML5 状态下显示的图像路径>
    keep="false"           <! 是否在下一场景跳转后保持显示>
    devices="all"          <! 支持设备类型>
    visible="true"         <! 是否可见>
    enabled="true"         <! 设置热点是否接收鼠标事件>
    handcursor="true"      <! 设置是否鼠标移到上面显示小手>
    ...
hotspot/>
```

在使用热点标签时，为了达到比较好的展示效果，通常会用到外部插件。接下来以 easybox 插件为例，介绍本案例使用外部插件的方法。easybox 插件提供了打开网址、特效图片、图片组等丰富的热点类型，插件文件可自行网络下载后，放置在 vtour 根目录下的 plugin 文件夹中。easybox 插件功能 demo 界面如图 2.21 所示。

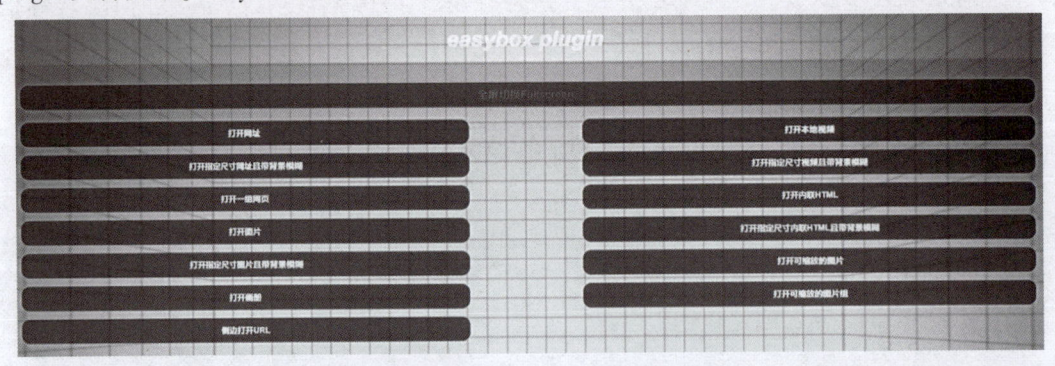

图 2.21 easybox 插件功能 demo 界面

第一步：调用外部插件 pp_blur.js、easybox.js 到 tour.xml 中。代码如下：

```
<plugin name="blur" devices="desktop" url="%SWFPATH%/plugins/pp_blur.js" keep="true" blur="0" />
<plugin name="easybox" url="plugins/easybox.js" keep="true" devices="html5" />
```

第二步：将 index.html 放置到根目录下，或者将插件复制到根目录中并修改路径，插件包括：jquery. fancybox. min. js、easybox. css、jquery. min. js、viewer. min. css。代码如下：

```
<link href="skin/jquery. fancybox. min. js" type="text/css" rel="stylesheet">
<link href="plugins/easybox. css" type="text/css" rel="stylesheet">
<script src="skin/jquery. min. js"></script>
<script src="skin/jquery. fancybox. min. js"></script>
<script src="skin/viewer. min. css"></script>
```

第三步：在所需场景 Scene 下添加一个 hotspot 标签，编写具体热点代码。

图片热点代码示例：

```
<hotspot name="spot1" url="skin/hotpicture. png" ath="150. 00" atv="13. 158" zoom="true" onloaded="do_crop_animation(128,128,60)" （动态热点需要此句,参数分别代表单张热点图标宽度、高度和帧率）
onclick="plugin [easybox]. Openimage (' files/demo. jpg' );" />
```

视频热点仅需将打开文件格式修改。例如：

```
onclick="plugin[easybox]. play_video(' files/demo.mp4' );
```

（2）添加语音讲解和背景音乐。

VR 虚拟展馆的语音讲解功能能够为参观者提供更丰富、更沉浸式的展览体验。参观者在虚拟展馆中漫游时，可在每个展品或区域停留并收听相应的语音导览。语音导览可以介绍展品的历史、背景信息及创作理念等内容，以帮助参观者更好地理解展览的主题和内容。

第一步：修改根目录的 vtourskin. xml 皮肤文件代码，在<layer name="skin_btn_vr"> 和 <layer name="skin_btn_fs"> 这两段中间添加一段新代码调用系统自带的声音图标。

调用系统自带的声音图标代码示例：

```
<layer name="skin_btn_vr">...</layer>            <! 在此处插入声音按钮层>
<layername="skin_btn_sound"style="skin_base|skin_glow"crop="64|704|64|64"
align="right"ox="0"x="130"y="0"scale="0. 5"      <! 声音图标属性设置>
onclick="pausesoundtoggle(bgsnd);               <! 声音播放状态函数设置>
switch(crop,64|704|40|64,64|704|64|64);switch(alpha,1,0. 25);switch(ox,0,- 12)"/>
                                                 <! 图层裁剪区域设置>
<layer name="skin_btn_fs">...</layer>
```

第二步：在 tour. xml 代码中加入背景音乐/声音讲解代码，保证 vtourskin. xml 声音代码的 ID（bgsnd）与场景代码的 ID 一致，加载提前准备好的讲解音频文件。

加入背景音乐代码示例：

```
<action name="startup" autorun="onstart">
if(startscene === null OR ! scene[get(startscene)], copy(startscene,scene[0]. nam e);); loadscene(get(startscene), null, MERGE); if(startactions !== null, startact ions() ); playsound2D(bgsnd,' /sound/背景解说. mp3' , 0. 2);
</action>
```

第三步：当某一场景中存在多个音视频素材时，播放过程中可能出现背景讲解声音与热点素材相冲突的情况，此时可以在相应的热点素材代码中添加 pausesound（bggsnd）暂停背景讲解。示例代码如下：

```
<hotspot url="skin/讲解.png" name="spot10" onclick="playsound(bgm1,' sound/场景热点讲解.mp3' );pausesound(bggsnd);" scale="0.03" text="热点讲解" onloaded="add_all_th e_time_tooltip_for_VR();do_crop_animation(2000,2000,10)/>
```

2.1.6　拓展阅读：实现现代化科技储粮

目前，我国的中央储备粮仓在高新技术的应用上丝毫不亚于其他领域。

粮食储备，关键在温度。目前，中国储备粮管理集团有限公司（简称中储粮）粮库已经通过智能通风系统实时监测气温、气湿、仓温、仓湿以及粮温等数据，实现了根据通风数学模型控制通风过程，解决了常规机械通风可能出现的低效、无效甚至有害通风问题。

内环流控温系统则可自动检测仓内温度，当仓内温度达到设定值后系统自动开启环流风机，进行粮堆上下层冷热气体循环，从而降低粮面以上仓房空间温度和上层粮食温度。通过实施内环流控温技术，达到将仓内的温度和上层粮食温度控制在 20 ℃ 以下的目标，做到低温储藏，防止春秋季温差变化大引起结露、发热，并且能有效抑制害虫的滋生。

粮仓内气体的浓度、类型会对粮食产生严重影响。通过在粮仓内安装的气体传感器，可以实时检测仓内气体的浓度；通过磷化氢气体传感器，可以在熏蒸期间实时检测磷化氢气体的浓度，管理人员可通过终端设备实时进行数据查询，掌握仓内有毒气体的含量，选择合适的时机进仓，以确保人身安全；通过氧气传感器可以实时检测仓内氧气浓度，为低温、低氧储藏提供依据，减少病虫害的发生。

掌握粮情数据，是科学储粮的关键。通过粮情检测系统实现储粮仓粮情的检测，通过智能粮仓管理软件对粮温点进行 3D 的立体展示和层次化展示，与智能通风系统、内环流系统等进行无缝对接，提供实时粮情数据，实现对粮仓的智能化、自动化管控。

名人链接

• **袁隆平（1930—2021 年）**：男，汉族，江西省九江市德安县人，享誉海内外的著名农业科学家，中国杂交水稻事业的开创者和领导者，被誉为"杂交水稻之父"，先后荣获国家发明特等奖、首届国家最高科学"技术奖"、联合国教科文组织科学奖、世界粮食奖、吕志和奖—世界文明奖等 30 多项国际国内奖项。

袁隆平一直致力于杂交水稻的研究，发明"三系法"籼型杂交水稻，成功研究出"两系法"杂交水稻，创建了超级杂交水稻技术体系，使我国杂交水稻研究始终居世界领先水平，为确保我国乃至世界的粮食安全和世界粮食供给作出了卓越贡献。他设计了以"高冠层、矮穗层、中大穗和高度抗倒"为特征的超高产株型模式；建立了形态改良、亚种间杂种优势及远缘有利基因利用相结合的超级杂交水稻育种技术路线。

针对我国人增地减的现状,他提出了运用超级杂交水稻技术成果,大幅提高现有水稻的单产和总产,提高农民种粮效益,确保国家粮食安全的科学思路。他组织实施了超级杂交水稻"种三产四"丰产工程、"三分地养活一个人"粮食丰产工程等高产攻关项目。2007年"种三产四"丰产工程率先在湖南实施,并迅速在安徽、广东、广西、河南、云南、贵州、四川等地推广,取得了显著的社会效益和经济效益。"三分地养活一个人"粮食丰产工程于2018年组织实施,初显成效。

● 徐光启(1562—1633年):字子先,万历进士,官至崇祯朝礼部尚书兼文渊阁大学士、内阁次辅。他精通农学,著作甚多,如《农政全书》《甘薯疏》《农遗杂疏》《农书草稿》《泰西水法》等。《农政全书》初稿完成后,徐光启忙于负责修订历书,无暇顾及,去世后由他的门人陈子龙等人负责修订,于1639年刻板付印。全书分为12目,共60卷,50余万字。12目中包括:农本3卷,田制2卷,农事6卷,水利9卷,农器4卷,树艺6卷,蚕桑4卷,蚕桑广类2卷,种植4卷,牧养1卷,制造1卷,荒政18卷,基本上囊括了我国古代汉族农业生产和人民生活的各个方面,治国治民的"农政"思想贯穿其中。

在古代,蝗虫曾经给我国粮食安全造成极大破坏,徐光启在《农政全书》中提出对付蝗灾的妙计:将旱田改为水田,就能有效抑制蝗灾。其实这里面有很深刻的科学原理,因为蝗虫最适合繁殖的时期就是在较为干旱的时期,干旱时期由于土地含水量低,蝗虫的卵可以得到比较好的孵化。正所谓:"地有高卑,雨泽有偏被,水旱为灾,尚多幸免之处。惟旱极而蝗,数千里间草木皆尽,或牛马毛幡帜皆尽,其害尤惨,过于水旱也"。因此,要避免"旱极而蝗",就必须改旱田为水田,水田增多,蝗虫的繁殖就会受到抑制。与此同时,徐光启表示,水草多处蝗虫卵一般聚集,所以"除草弭蝗"是非常有必要的,他建议农民要多除水草,来抑制蝗虫繁殖。

思考题

(1) 习近平总书记指出,实现我们的奋斗目标,开创我们的美好未来,必须紧紧依靠人民、始终为了人民,必须依靠辛勤劳动、诚实劳动、创造性劳动。请谈一谈你对辛勤劳动、诚实劳动和创造性劳动的认识。

(2) 为什么说"四无"粮仓精神是艰苦奋斗、埋头苦干的创业精神,是锐意改革、敢为人先的创新精神?

(3) 在弘扬"四无"粮仓精神的同时,我们也要展望未来。目前我国在守住、管好粮仓方面应用了哪些"智慧"技术?

(4) 体力劳动和脑力劳动的区别和联系是什么?

(5) 请根据本次劳动实践,结合自己的作品,谈一谈VR全景技术的作用和意义是什么?

(6) 结合自己的认知,谈一谈在平时的学习和生活中,如何做到"尊重劳动"?

2.2 跟着运河，探索劳动智慧

> 📘 **学习目标**

(1) 了解运河文化的历史价值与现实意义；
(2) 学习我国古代劳动人民的创造思维与灵活思维；
(3) 在实践过程中磨炼锲而不舍的精神和团队协作的意识；
(4) 掌握常用的数据可视化技术。

可视化的核心功能是信息的表达，如何用可视化讲好一个故事，是可视化研究的重要主题。本节以京杭大运河信息可视化系统为例，让学生在文化遗产地实地考察、收集、整理资料，设计数据展示形式，开发可视化系统的整个劳动实践过程中，感受劳动是光荣的，明白劳动创造了历史的辉煌，劳动人民不仅要辛勤劳动，更要用智慧创造性地劳动。

2.2.1 课程导入：大运河文化

大运河由京杭大运河、隋唐大运河和浙东大运河组成。作为世界文化遗产，它是世界上建造时间最早、使用时期最久、空间跨度最大的人工运河，它不仅是一条繁荣沿岸城市经济的黄金水道，也是一条奔流不息、熠熠生辉的千年文脉。

古往今来，水道交通一直受到人们的重视和利用。但是，中国的河流绝大多数是东西走向，这种横向封闭的自然水系严重制约了经济文化的交流和发展。春秋战国时期，为了更好地开展征服他国的军事行动，古人们开始设法开凿南北走向的运河。例如，吴王夫差为北上伐齐，命人开凿邗沟；魏惠王为沟通南北，便于控制中原，称霸诸侯，命人开凿鸿沟。但在隋朝以前，这些运河规模都不大，而且互不连贯，没有形成一个完整的水运系统。因此，将这个时期所开凿的运河统称为早期的运河。

隋王朝在统一天下后，为了进一步巩固其对全国的统治，决定贯通南北运河。从公元584年到公元610年，充分利用过去开凿的运河和天然河流，先后开凿了通济渠、永济渠，并重修了江南运河，最终开通了以国都洛阳为中心，北抵河北涿郡，南达浙江余杭的大运河。

大运河服务于经济、政治、军事等方面，隋以后的历朝历代，开通疏浚联结南北方重要交通运输干线的大运河，已经成为统治者的共识和奉行的基本国策。以运河为基础，建立庞大而复杂的漕运体系，将各地的物资源源不断地输往都城所在地，成了古代统治者维护政权的主要手段之一。伴随着中国古代政治中心的变迁，大运河逐步贯通南北，至元代京杭大运河全线贯通，明、清两代京杭大运河成为南北水运干线。

京杭大运河北起北京，南到杭州，流经北京、河北、天津、山东、江苏和浙江六省市,全长 1 794 km,比苏伊士运河长 10 倍,比巴拿马运河长 20 倍,是世界上最长的一条人工开凿的运河。

> **小贴士:**
>
> 南旺分水枢纽和长安闸被誉为凝结我国古人劳动智慧结晶的"黑科技"产品。
>
> (1)南旺分水枢纽。
>
> 南旺分水枢纽是大运河的关键工程,位于山东省济宁市北部的汶上县南旺镇。南旺分水枢纽是大运河全线位置最高的段落,由地势最高点南旺分水口分别向南北倾斜,与会通河南北两端高差达 39 m。因为海拔较高,如果旱季此处断水,整条大运河将被一分为二,贯通也就成为空谈,所以古人以漕运为中心,围绕"引、蓄、分、排"四大重要环节,因势造物,相继新建疏河济运、挖泉集流、设柜蓄水、建湖泄涨、防河保运及建闸节流等一系列结构缜密的工程,成功地解决了会通河"水源"难题。具体做法是从附近地势较高的戴村坝开始挖了一条小汶河,引汶河的水补给运河。小汶河被设计成多个 S 形的走向,用来减缓引流冲击力。周边的泉水也被引入小汶河。古人还在四周建起蜀山湖、马踏湖和南旺湖 3 个"蓄水池",汛期利用小汶河蓄水,旱季给大运河补水。南旺分水枢纽代表了 17 世纪工业革命前世界土木工程技术的最高成就,为千里运河南北分水之咽喉,有"江北都江堰"之称。南旺分水枢纽示意如图 2.22 所示。
>
> 图 2.22 南旺分水枢纽示意
>
> (2)长安闸。
>
> 由于中国地势西高东低,自然江河水系大体都自西向东流入大海。因此大运河必须逾越不同河流流域间的分水岭造成的地势高差。在浙江省海宁市长安镇,长安闸作为一个古代系统水利工程,历史上包括长安新老两堰(坝)、澳闸(上中下三闸和两水澳)。现

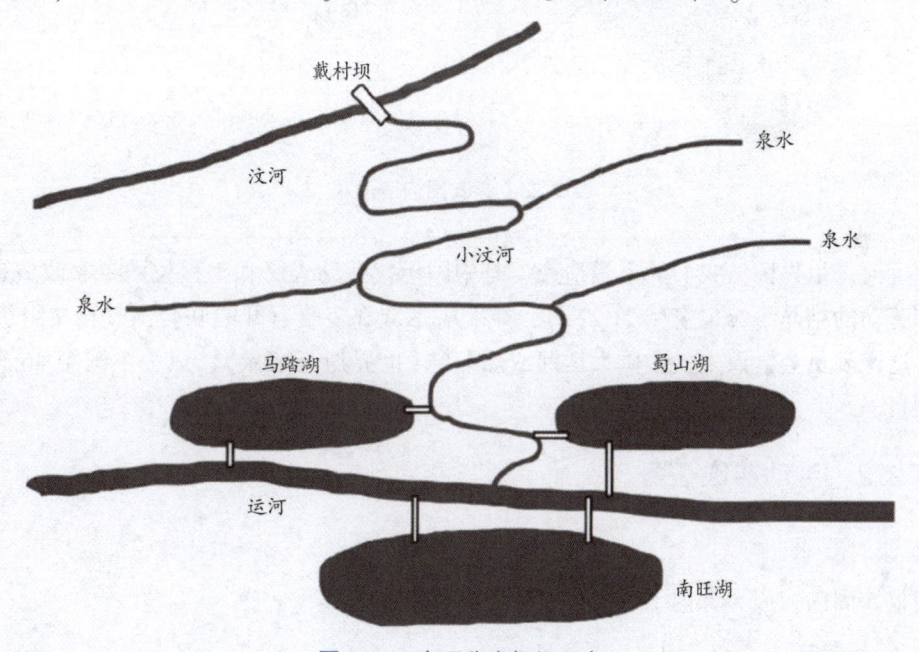

存有长安堰旧址(老坝)、上中下三闸遗址、闸河，其采用三闸两澳复式结构，通过各设施的联合运用和严格的管理措施，达到引潮行运、蓄积潮水、水量循环利用等多重工程目的，代表了当时水利航运设施建设的世界先进水平，具有较高的历史、科学价值。2011年1月，长安闸被公布为浙江省级文物保护单位。长安闸构造示意如图2.23所示。

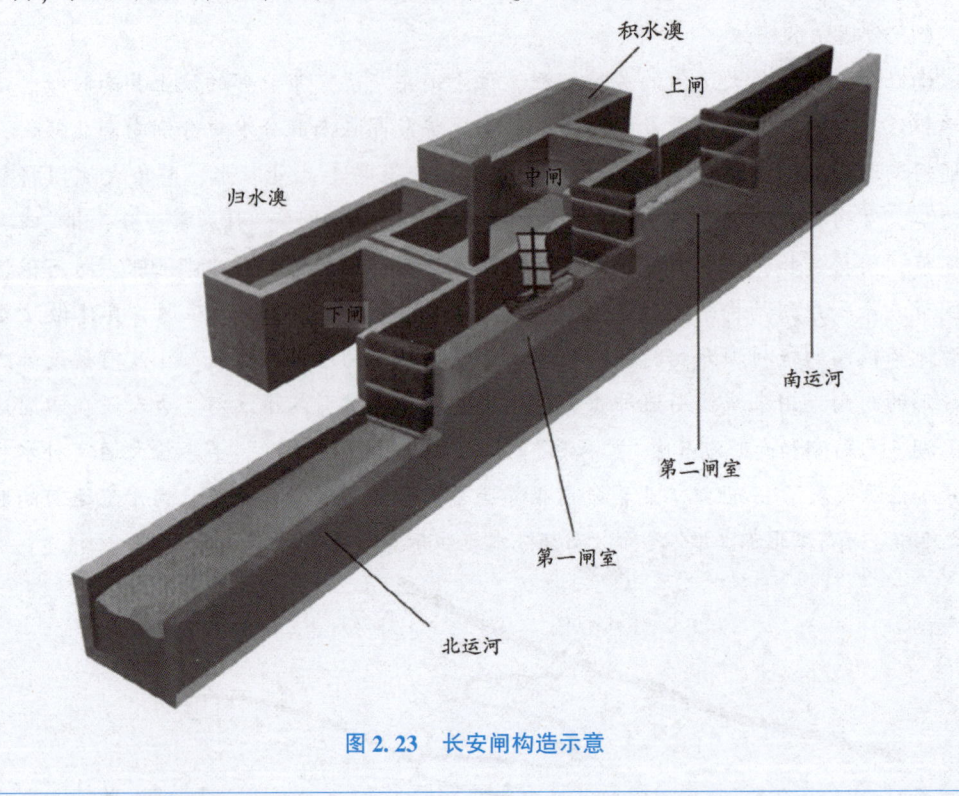

图2.23 长安闸构造示意

大运河是祖先留给我们的宝贵遗产，是中国历代劳动人民和工程技术专家改造自然的智慧和劳动的结晶。2014年6月22日，在卡塔尔首都多哈召开的联合国教科文组织第38届世界遗产委员会会议上，中国大运河成功入选《世界遗产名录》，成为中国第46个世界遗产项目。

2.2.2 劳动实践任务

1. 课时要求

建议5周内完成，课内10课时+课外40课时。

2. 任务要求

（1）去文化遗产地实地考察，如博物馆、遗址等，借阅、购买相关书籍，深度挖掘我国古代劳动人民留下的智慧与创造，以多个维度展现我国古代劳动人民的勤劳、勇敢和智慧，增强民族自信。

（2）通过光学字符识别(Optical Character Recognition，OCR)、三维建模、人机交互等VR技术，构建京杭大运河信息可视化系统，以数据可视化的形式呈现运河概况、运河沿线城市和漕运文化三大模块内容,生动地展现劳动人民的智慧结晶。

注:本劳动实践任务主要聚焦于文化遗产数据的信息可视化,宜选遗址、博物馆等文化遗产地开展实践。实践前完成分组,建议3人一组,明确小组成员的任务分工。

3. 实践步骤

(1)文化遗产地的实地考察:以京杭大运河为例,考察中国京杭大运河博物馆,考察部分重点遗址点,如拱宸桥、乾隆舫等,实地收集相关数据与信息。

(2)文化遗产资料的收集整理:借阅、购买相关书籍,将其进行文字识别与录入,整理成格式化的文本数据。

(3)文化遗产数据的展示形式设计:参考相关文化遗产数据的展示形式,设计运河特有的展示形式,包括界面、配色、模块等。

(4)文化遗产可视化系统的设计与开发:选择成熟的开发平台及编程语言进行系统设计与开发,最终部署于典型的终端形态上。

注:建议3人一组,步骤(1)、(2)用2周左右的时间完成,步骤(3)、(4)用3周左右的时间完成,共计5周。

2.2.3 优秀作品展示:京杭大运河信息可视化系统

京杭大运河信息可视化系统(以下简称系统)通过数据可视化的形式呈现运河路线、流向、长度等总体数据、沿线遗址统计数据、具体河段信息、各时期运河地势、沿线城市分布、重要闸口与桥梁,以及各地漕运运输粮食的用途、数量和运输方式等内容。

系统选择比较能代表政治、文化、经济的红、黄、蓝3种颜色来分别代表不同时期的运河,如图2.24所示。

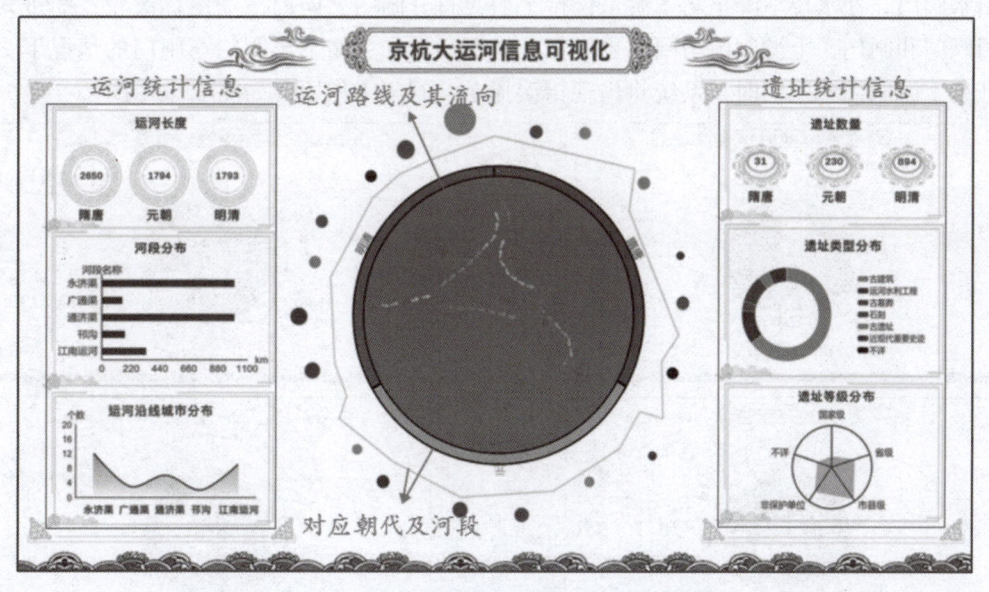

图2.24 京杭大运河信息可视化系统主界面

在具体朝代(如明清)运河主界面中,系统增加了该时期运河沿线城市分布、运河河底地势、运河河堤地势,以及对应城市桥和闸的分布。最内层圆由运河沿线的城市组成,依据城市之间的距离进行划分。外层黄线表示各城市运河的河底高度，蓝线表示各城市运河的堤顶高度，两线间为闸与桥对应其地理分布情况。最外层分布的圆点表示对应城市的遗址分布情况。明清时期运河主界面如图 2.25 所示。

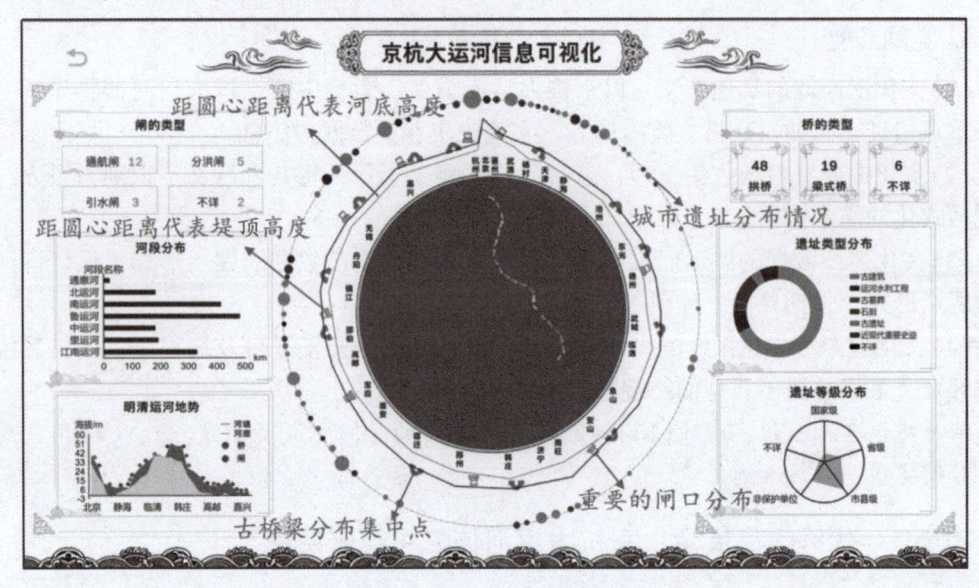

图 2.25 明清时期运河主界面

在该界面下单击某个城市可以查看该城市运河路线，单击城市上方的闸和桥，在地图上将显示其分布状况。

系统制作了船闸工作原理的可视化效果，如当船从下游到上游时，单击打开通向下游的出水阀门，使水位下降至与下游水位持平后，打开闸门，向前滚动鼠标滚轮，船进入后关闭阀门和闸门，上游阀门与闸门也类似。当用户在未关闭下游阀门与闸门的情况下，选择开启上游阀门和闸门时，系统将出现错误提示。闸门工作原理如图 2.26 所示。

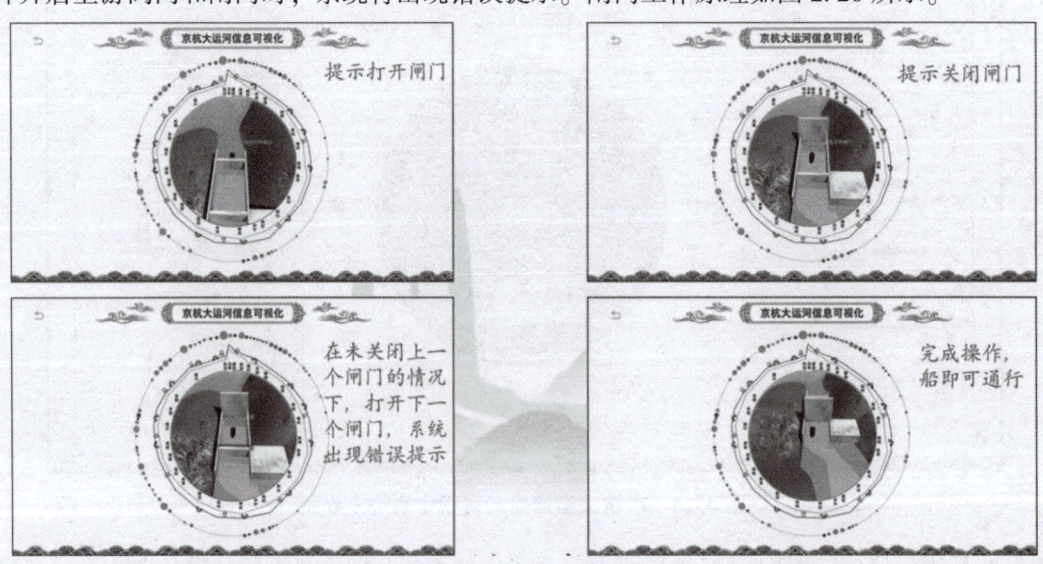

图 2.26 闸门工作原理

系统选择了运河南端起点标志——拱宸桥，搭建其三维模型，对拱桥结构进行交互可视化，通过鼠标拖拽对模型进行旋转，滚轮控制缩放，右击还可以查看模型的各个组成部分，当鼠标悬浮在某个部件时还将提示该模块的相关数据，如图 2.27 所示。

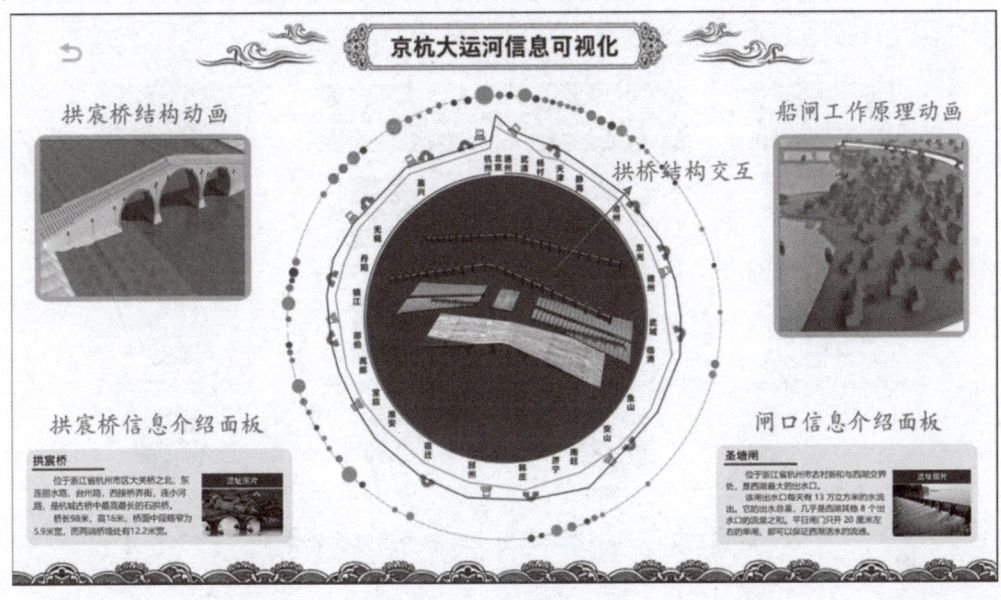

图 2.27 拱宸桥模型展示

明清时期漕运发展到了一个新阶段，中央向各地征收漕粮和白粮，各地采取支运法、兑运法和改兑法向中央运输。杭州、北京作为大运河南、北起点，分别以绿色、红色标注，中转点用橙色标注，其他点则用白色标注。城市间粮食运转线路用连线表示，紫色代表白粮运输线路，黄色代表漕粮运输线路，线的粗细、颜色深浅分别代表运输的粮食数量多少及转运次数多少，如图 2.28 所示。

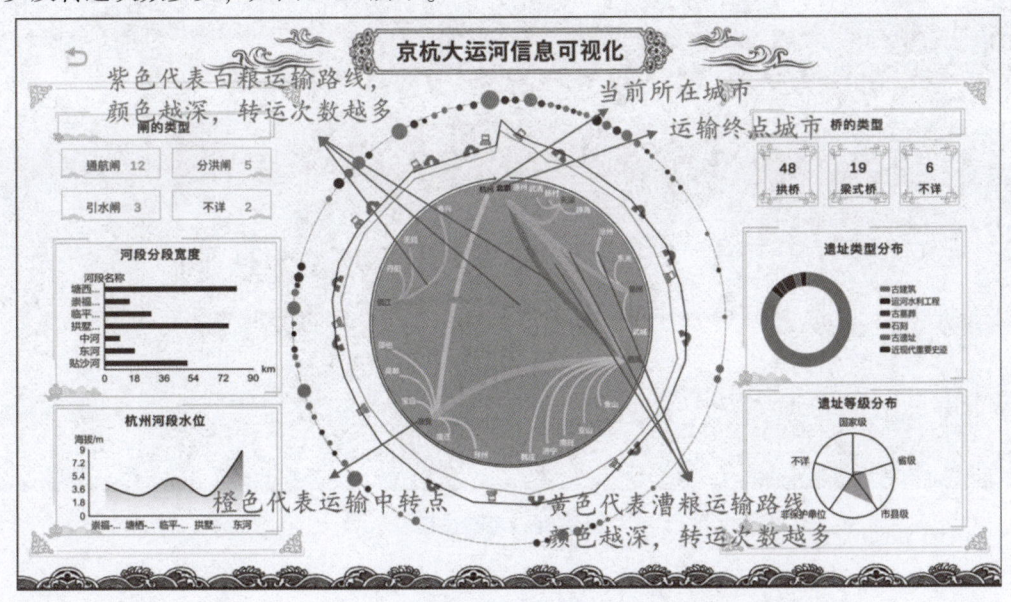

图 2.28 漕运文化展示

2.2.4 作品研发的技术路线

作品研发主要包括数据收集、数据整理、界面设计及开发部署 4 个环节，环节说明及每个环节中用到的软件如图 2.29 所示。

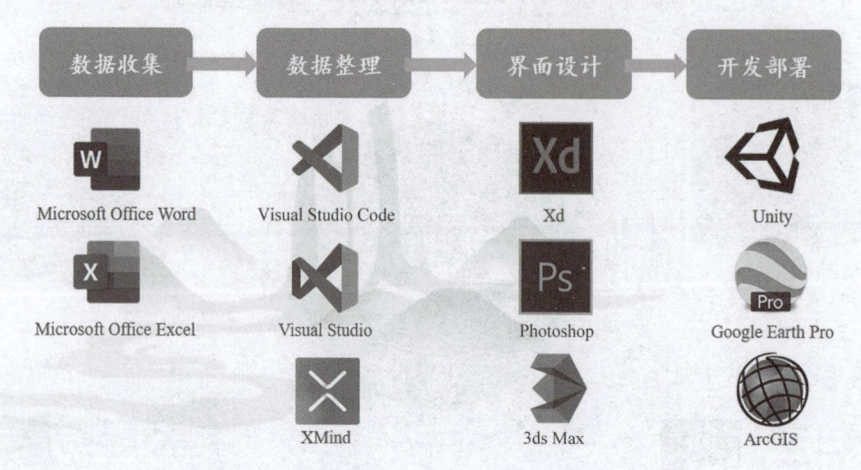

图 2.29 环节说明及每个环节中用到的软件

1. 环节一：数据收集

通过实地考察博物馆、查阅相关图书资料，进行数据的收集。

具体操作：实地考察博物馆，发现隋唐、元朝和明清是运河发展的主要时期，且分别在政治、文化、经济中发挥了重要作用；借阅和购买相关书籍，通过整理收集的数据，制作数据提取导图，便于程序实现。考察过程和相关数据分别如图 2.30 和图 2.31 所示。

图 2.30 考察过程

图 2.31　相关数据

2. 环节二：数据整理

对收集的数据进行分类整理。

具体操作：将数据大致分为运河基本信息、运河文化、运河河段 3 类。利用 OCR 等技术手段对数据进行文本识别，并利用 Microsoft Office Excel 进行数据归类与整理，最终记录于 jason 文件中。数据整理后的思维导图如图 2.32 所示。

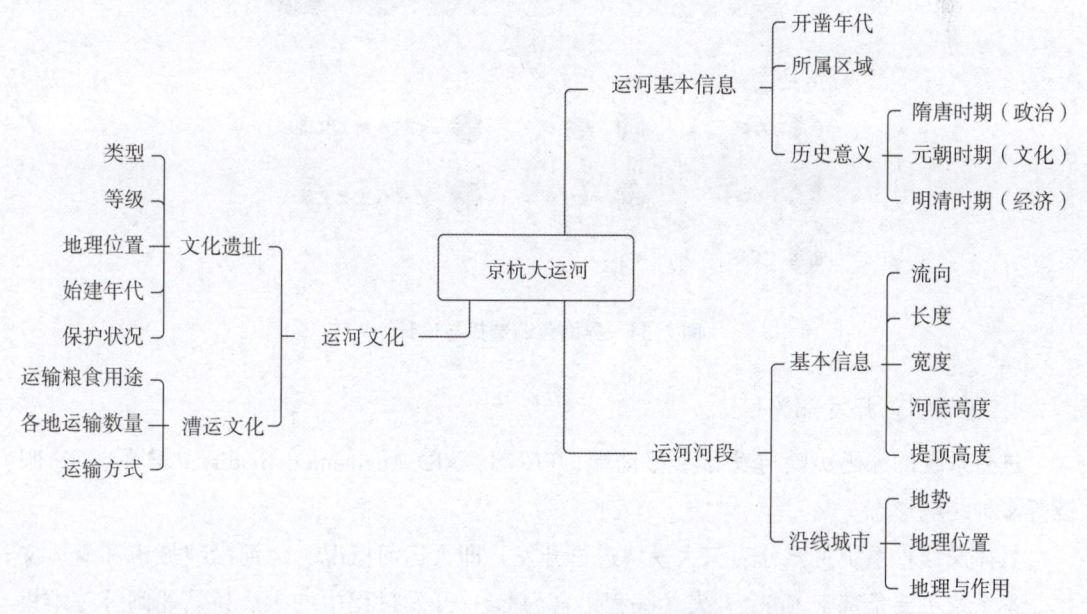

图 2.32　数据整理后的思维导图

3. 环节三：界面设计

从配色、布局、用户使用习惯等多个方面考虑，进行系统的用户界面（User Interface, UI）设计。

具体操作：在 UI 设计过程中，参考了相关界面案例，如图 2.33 所示。在色调的选择上，突出了大运河的历史气息、文化底蕴及运河风情等元素。其中，主色调选择了代表水的蓝色及代表运河主要功能粮食运输的米白色。最终利用 Xd 进行 UI 设计，如图 2.34 所示。

图 2.33 界面案例分析

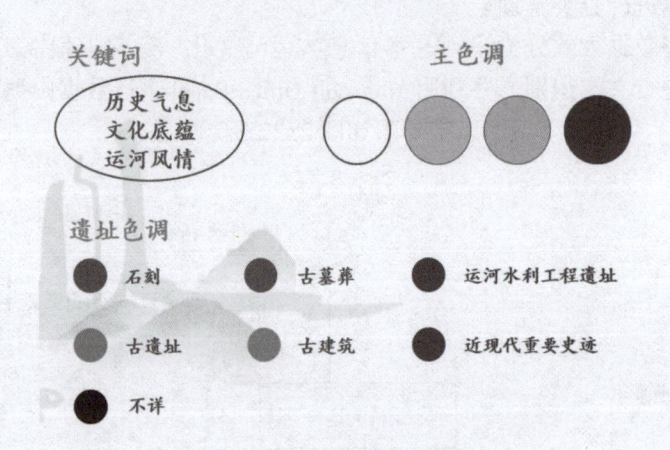

图 2.34 界面色调选择与设计

4. 环节四：开发部署

进行系统的编码实验与发布于移动端、PC 端、AR（Augmented Reality，增强现实）眼镜等多种终端形态。

具体操作：系统主要分为三大模块进行开发，即大运河概况、运河沿线城市和漕运文化。本系统主要是基于 Unity 开发，编程语言为 C#。开发过程中的拱宸桥、船闸等三维模型素材在 3ds Max 中自主搭建并通过 fbx 格式导入到 Unity 中。部分素材如小船、水和地形来自 Unity Asset Store。利用 Unity 的跨平台发布优势，系统最终发布于移动端、PC 端、AR 眼镜等终端形态，如图 2.35 所示。

图 2.35　系统发布于移动端、PC 端、AR 眼镜等终端形态
(a)移动端；(b)PC 端；(c)AR 眼镜

2.2.5　关键技术与实操

1. 运河信息设计表达

信息可视化设计表达需要突出关键信息，通过画面的视觉中心去激发用户产生了解更多相关信息的欲望，从而了解展示内容所有的设计想法，主要包括信息设计表达中的版式构图、色彩选择、形制组合及阅读路径设计。

1)实现内容

(1)信息版式构图设计：是指在已确定的设计风格的指导下，为信息展示选择合适的版面样式，而版面样式的选择主要取决于以下两个因素。

①明确的逻辑架构：在对运河信息进行逻辑构建阶段，需要明确信息的组织结构。同时，需要考虑版面样式中信息的逻辑架构和图表的设计编排是否合理。

②合理的读取流程：信息版面样式的设计还需要充分考虑参观者的阅读习惯。通常，参观者习惯从上到下、从左到右的读取流程。

(2)信息色彩选择：是指根据调研所得的相关代表性京杭大运河图形信息，并结合运河自身的历史气息、文化底蕴以及独有的风情，选择典型色彩作为可视化系统的主色调，并结合各类遗址的特征确定相应的代表色。

(3)信息形制组合设计：是指在信息内容与视觉感官之间构建逻辑关系，对各类信息进行全新组合，使得信息个体与信息群之间层次更加分明，从而在最大程度上保证信息展示界面的内容清晰明确。鲜明的图形层次区分能够让参观者在最短的时间内了解信息的逻辑关系，对所要传达的信息内容留下深刻的印象。

(4)信息阅读路径设计：即考虑参观者的阅读路径和习惯，将对参观者高价值或者高优先级的信息置于视觉焦点容易触及的地方。简洁明了的阅读路径可以准确引导参观者阅读的视觉流程，通过简化冗长的文字信息，去除无关的信息与次要信息，对关键文字信息进行视觉表达，仅保留相关文字辅助内容传达，以提高获取信息的便捷性。

2)实现技术与条件

遵循可视化设计的理念，既要重视信息展示的实用性，也要注重信息呈现的美观性。

本系统借助 Google Earth Pro、Photoshop 和 Xd 设计信息展示构图、确定系统整体色调与局部配色方案；同时，按照数据展示的逻辑结构完成信息形制组合与构思阅读路径，以提高用户获取所需信息的精准性与多样性。

Google Earth Pro 作为一款融卫星图像、航拍与 GIS（Geographical Information System，地理信息系统）数据于一体的专业虚拟地球应用。它可以虚拟地球，展示卫星图像、地图、各种地形地貌和 3D 建筑等。本系统以运河卫星地图为展示中心，使用 Google Earth Pro 获取运河整体及局部地图，并通过 Photoshop 依据实际流向在地图上描绘出运河的线路。

Xd 是一站式 UX（User Experience，用户体验）/UI 设计平台，设计者可以在此进行移动应用、网页设计与原型制作，该平台能够高效准确地完成静态编译或者框架图到交互原型的转变。本系统从用户的阅读习惯和运河的自身特点出发，借助 Xd 完成 UI 设计及阅读路径动态模拟，通过对画面视觉效果的构建激发用户产生了解更多相关信息的欲望。

3）实现步骤

由于京杭大运河各类数据间既有包含与被包含的关系，又有并列的关系，因此，为了统一各数据展示界面的版式样式，将界面分为 3 个板块，以中间板块为展示主体，两侧板块作为辅助展示。可视化版式构图如图 2.36 所示。

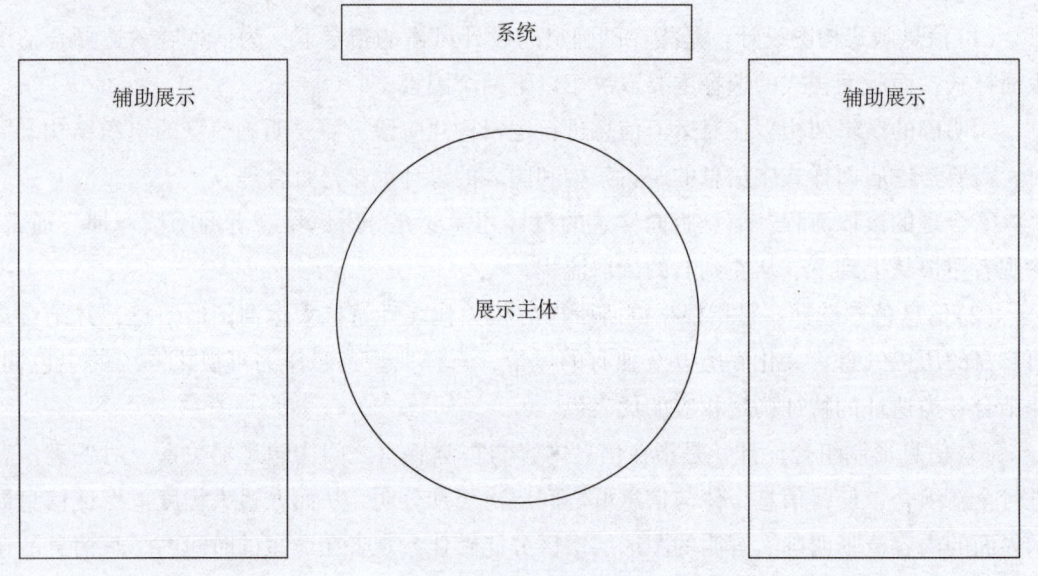

图 2.36 可视化版式构图

采用米白色作为系统的整体背景色调，烘托运河文化遗产厚重的历史气息。同时，以运河河流颜色——蓝色作为基础色，并确定三种相近但又存在区别度的颜色用于界面元素的设计，从而保证界面风格统一且主次分明，如图 2.37 所示。

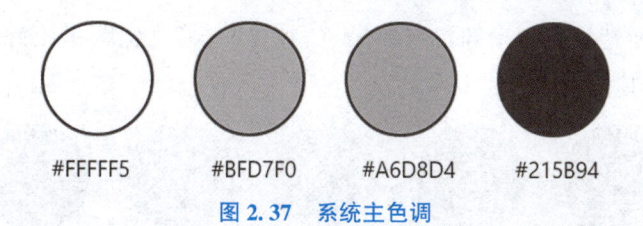

#FFFFF5　　　#BFD7F0　　　#A6D8D4　　　#215B94

图 2.37　系统主色调

从时间维度，将运河信息分为隋唐、元朝与明清 3 个时期，并结合各时期的发展特征与自身特性确定相应的代表色，如图 2.38 所示。

(1) 隋唐：该时期大规模的运河建设使得南北之间的贸易和文化交流更加繁荣，促进了中国古代经济和文化的繁荣，故选择有"热情、喜庆"之意的红色作为其代表色。

(2) 元朝：由于元朝是由蒙古族人建立的，而蒙古族人崇尚黄金，所以金黄色成为元朝的代表色。

(3) 明清：明朝与清朝的旗帜均包含蓝色元素，取其共同特征，选择蓝色作为其代表色。

隋唐　　　　元朝　　　　明清
#C8503F　　#E7AF5C　　#4289B6

图 2.38　时期色调

以遗址类型为分类标准，从遗址使用材料、整体建筑色彩角度出发，结合各类遗址的特征确定不同遗址的代表色，如图 2.39 所示。

(1) 石刻：大多石刻以石青色、石绿色为主，但为区别于其他遗址，故选择石刻上字体的颜色作为其代表色。通常为了使其与石头底色产生对比，字体需要鲜艳且醒目。大红色则是常用的亮色颜色之一。

(2) 古墓葬：运河相关的古墓葬遗址大多与统治者相关，因此，取代表"尊贵"的紫色表示该遗址类型。

(3) 运河水利工程：由于运河水利工程与水密不可分，故在区别主色调的基础上，配合遗址整体色调，通过调整蓝色深度确定代表色。

(4) 古遗址：古遗址多为年代久远的文化遗产，因此选择代表"历史"的土黄色表示该遗址类型。

(5) 古建筑：古建筑类型中的遗址以民居、楼房为主，大多采用灰墙青瓦的装修风格，故选择灰色作为其代表色。

(6) 近现代重要史迹：相较于其他的遗址类型，近现代重要史迹在时间维度上更具活力，而绿色代表"生机与希望"，恰好符合该遗址类型的特点。

(7) 不详：表示遗址类型未知，本取黑色"神秘"之意，但为了更好地配合整体色调，故选择棕褐色作为其代表色。

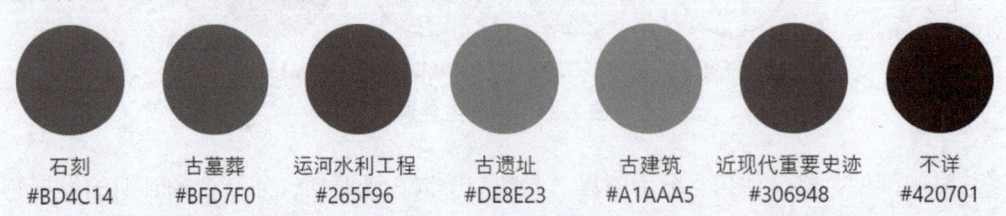

石刻	古墓葬	运河水利工程	古遗址	古建筑	近现代重要史迹	不详
#BD4C14	#BFD7F0	#265F96	#DE8E23	#A1AAA5	#306948	#420701

图 2.39　遗址色调

由于漕运运输的粮食种类不同，因此采用冷暖对比色调表示，同时根据漕运过程中转运次数的递增设置颜色饱和度加以区分，转运次数越多，则颜色越深，具体色调方案如图 2.40 所示。

#E1D9F2	#D0BEF6	#BFA2FB	#FDE5AE	#FCD271	#FEBE28

图 2.40　漕运数据色调

在京杭大运河信息可视化设计中，将运河数据抽象成圆点、直线、曲线等元素，基于同心圆的形式进行组织。

运河各时期河段基本属性与遗址信息形制组合：根据时间维度，划分隋唐、元朝和明清 3 个时期，圆心内放置卫星地图，用于展示运河路线及流向、河段基本信息等；在各时期圆弧延伸范围内增加河段信息与沿线城市个数信息；同时，在最外圈以同心圆的形式展示对应时期遗址类型的数量分布状况，如图 2.41 所示。这一形制组合实现了从内到外运河基本属性的递进展示以及时间信息与空间信息的融合展示。

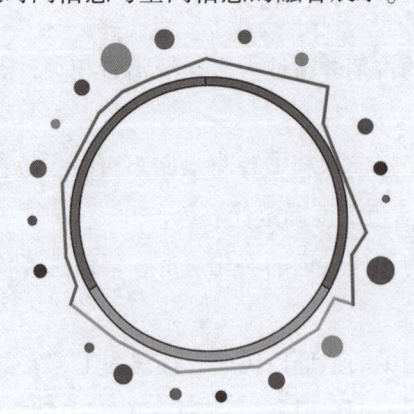

图 2.41　运河各时期河段基本属性与遗址信息形制组合

具体时期运河沿线城市与遗址信息形制组合：依据划分的隋唐、元朝和明清 3 个时期，圆心用于展示具体时期运河路线和流向，以及沿线城市的分布情况等信息；相应圆弧的外圈依据各城市的运河地势展示河底高度与堤顶高度；此外，最外层圆形定位城市遗址类型的分布情况，如图 2.42 所示。这一形制组合以运河沿线城市为主线展开，依次介绍了城市的地理分布、运河地势以及遗址分类等信息，数据间关联性强且便于用户理解。

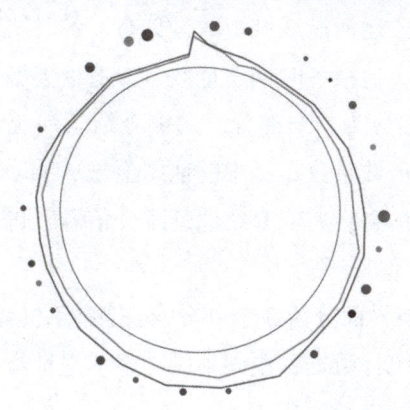

图 2.42 具体时期运河沿线城市与遗址信息形制组合

在运河信息阅读路径上，以用户从左往右、从上至下的 Z 字形结构的阅读习惯为基础，对信息进行逻辑关系分析，通过层层递进，逐步深入展示运河基本属性、文化遗产、沿线城市与漕运文化等信息。同时借由每个展示界面内信息主次关系的建立改变用户的视线流程，提高信息获取的灵活度，保证即使阅读过程中断，也能让用户对信息形成初步认知与整体印象。

在单向线性阅读路径的基础上，结合信息内容的位置安排与大小比例，组合出灵活多变的阅读顺序。根据用户的阅读习惯，设计了两种阅读路径（按照序号从小到大的顺序阅读），如图 2.43 所示。

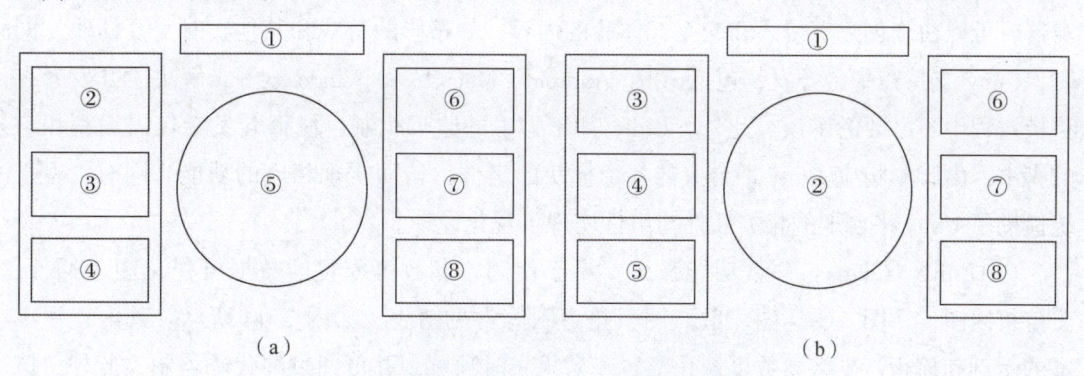

图 2.43 京杭大运河信息可视化系统阅读路径设计
(a)阅读路径一；(b)阅读路径二

2. 系统开发实现

根据运河信息的逻辑构建，分模块进行系统的开发实现，包括运河基本信息模块、运河河段模块、运河文化遗址模块、运河沿线城市模块和运河漕运信息模块。

1）实现内容

（1）运河基本信息模块：界面分为3个部分，左侧介绍运河统计信息，包括各时期运河长度、河段分布与运河沿线城市数量分布；中间采用同心圆的形式从内到外依次展示运河路线及流向、各时期各河段运河沿线城市数量分布、各时期各类型运河沿线遗址数量分布；右侧介绍遗址统计信息，包括各时期遗址数量、遗址类型分布与遗址等级分布。

（2）运河河段模块：界面分为3个部分，左侧介绍运河统计信息，包括各时期运河长度、河段分布与运河沿线城市数量分布；中间地图上显示某一具体河段沿线城市的分布状况与该河段的相关文字介绍信息；右侧介绍遗址统计信息，包括各时期遗址数量、遗址类型分布与遗址等级分布。

（3）运河文化遗址模块：界面分为3个部分，左侧介绍具体时期遗址类型的统计数据和某一类型遗址的保护等级统计数据；中间地图上显示遗址类型；右侧显示所选类型的遗址名称词云与具体某一遗址的信息面板。

（4）运河沿线城市模块：界面分为3个部分，左侧介绍具体时期闸的类型、河段分布及运河地势；中间采用同心圆的形式从内到外依次展示运河路线及流向，运河沿线城市具体分布，各城市运河的河底高度、堤顶高度、闸与桥对应的地理分布状况，以及各城市遗址类型的分布情况；右侧显示桥的类型、遗址类型分布和等级分布情况。

（5）运河漕运信息模块：界面分为3个部分，左侧介绍具体时期闸的类型、河段分布及运河地势；中间展示各城市在漕运中的角色，漕运运输粮食用途、运输次数和各地运输数量占比信息；右侧显示桥的类型、遗址类型分布和等级分布情况。

2）实现技术与条件

本系统基于Unity进行开发，Unity是一个3D、2D、VR和AR实时开发引擎平台和编辑器，可以协作创建沉浸式和交互式体验的内容，如精彩的游戏和其他实时交互体验。同时，Unity支持跨平台开发，包括iOS、Android、Mac OS和Windows等，解决了开发者在移植过程中不必要的麻烦。此外，Unity基于脚本的监听机制，使得开发者仅需编写相应的脚本，由脚本响应Unity平台上的各个模块的组件，从而实现相应的功能。同时，本系统借助了Unity平台上的相关插件与组件实现可视化设计。

（1）Unity XCharts：一款功能强大、易于使用、参数可配置的数据可视化图表插件，支持折线图、饼图、雷达图、散点图、热力图等常见图表，如图2.44所示。其内置了丰富的示例和模板，支持参数可视化配置、效果实时预览，并可通过纯代码绘制。此外，该插件还支持在PC端和移动端进行数据筛选、视图缩放和细节展示等交互操作。本系统中主要的图表均基于Unity XCharts绘制。

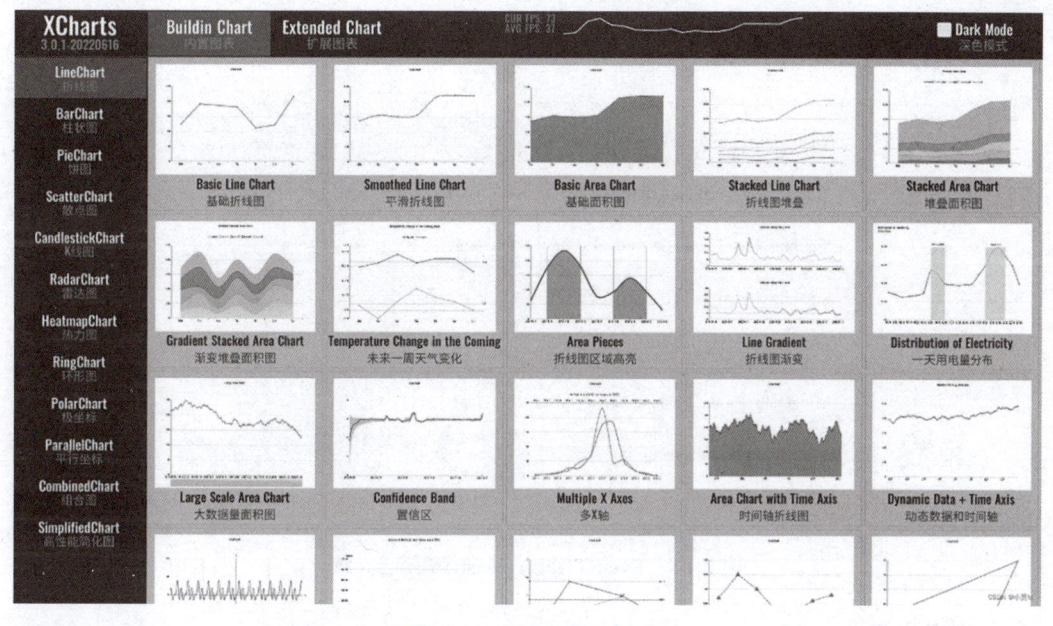

图 2.44　Unity XCharts

（2）Highlighting System：一款实现物体边缘发光的插件，主要用于高亮显示重要数据，可以通过设置参数，完成对高亮形式的修改。

（3）EventTrigger：一个集成了所有 UI 事件监听接口的脚本，可以让开发者更方便地为控件添加事件监听。由于本系统的图层数量较多，若采用 Button 实现鼠标事件容易产生叠加，导致无法精准触发目标事件，引入 EventTrigger 可有效避免这个问题，实现代码示例如图 2.45 所示。

```
private void OnMouseEnter()
{
    Yuan_Canal_bold.SetActiveRecursively(false);

    Yuan_Canal_bold.SetActive(true);

    SuiTang_Canal_bold.SetActiveRecursively(false);

    SuiTang_Canal_bold.SetActive(true);

    MingQing_Canal_bold.SetActiveRecursively(false);

    MingQing_Canal_bold.SetActive(true);

    obj_bold.SetActive(true);
}
```

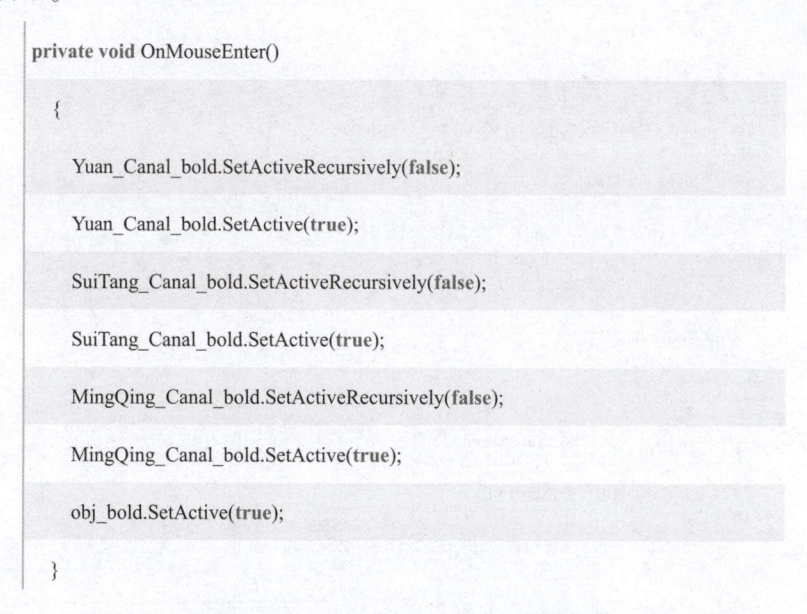

图 2.45　EventTrigger 实现代码示例

```
private void OnMouseExit()
{
    Yuan_Canal_bold.SetActiveRecursively(true);
    Yuan_Canal_bold.SetActive(false);
    SuiTang_Canal_bold.SetActiveRecursively(true);
    SuiTang_Canal_bold.SetActive(false);
    MingQing_Canal_bold.SetActiveRecursively(true);
    MingQing_Canal_bold.SetActive(false);
    obj_bold.SetActive(true);
}
```

图 2.45　EventTrigger 实现代码示例(续)

3) 实现步骤

(1) 运河基本信息模块。当将光标悬浮在对应时期的圆弧上时，地图上将显示该时期的运河路线，两侧展示运河信息与遗址信息将显示对应的数据。单击运河长度或遗址数量下某一时期的名称后，两侧也将相应显示所选时期的数据。

在该模块中，系统还实现了运河流向的动态展示效果和各朝代数据联动功能。根据系统时间差计算得到每个 Update 中物体(箭头图标)shade 的透明度呈现运河流向动态展示效果，实现代码示例如图 2.46 所示。

```
void Start()
{
    _mat = this.GetComponent<Renderer>().material;
    _alpha = valuess;
    _mat.color = new Color(R / 255f, G / 255f, B / 255f, _alpha);
}

void Update()
{
    _alpha -= Time.deltaTime/speed;
    if (_alpha <= 0) _alpha = 1.0f;
    _mat.color = new Color(R / 255f, G / 255f, B / 255f, _alpha);
}
```

图 2.46　运河流向动态展示效果实现代码示例

另外，通过检测光标是否进入目标区域，以触发相应的函数，将相关数据传递给目标图表进行展示和分析，从而实现各朝代运河数据和遗址数据的联动效果，部分实现代码示例如图 2.47 所示。

```
public void showmingqing()
{
    mingqingCount[0].SetActive(true);
    mingqingCount[1].SetActive(true);
    mingqingCount[2].SetActive(true);
    mingqingCount[3].SetActive(true);
    dynasty_name[2].GetComponent<TMP_Text>().color = obj_color[2];
    dynasty_name[5].GetComponent<TMP_Text>().color = obj_color[2];
}
public void showsuitang()
{
    suitangCount[0].SetActive(true);
    suitangCount[1].SetActive(true);
    suitangCount[2].SetActive(true);
    suitangCount[3].SetActive(true);
    for (int i = 0; i < 6; i++)
    {
        dynasty_name[i].GetComponent<TMP_Text>().color = obj_color[3];
    }
    dynasty_name[0].GetComponent<TMP_Text>().color = obj_color[0];

}
```

图 2.47 各朝代数据联动效果部分实现代码示例

运河基本信息模块的最终实现效果如图 2.48 所示。

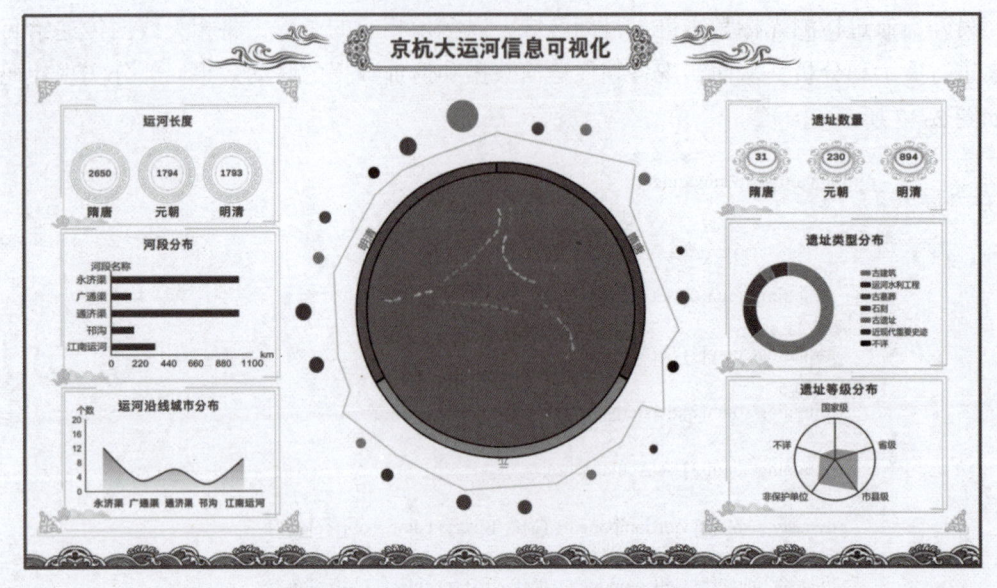

图 2.48　运河基本信息模块的最终实现效果

（2）运河河段模块。通过单击运河基本信息模块中代表河段的线段进入运河河段模块，中间地图上将显示所选河段沿线城市地理分布情况与该河段的介绍信息，界面两侧展示对应时期的相关数据。

在该模块中，系统实现了沿线城市的运河流向标识，实现方式同运河流向动态展示效果。同时，引入 Image 组件，将定位图标放入，如图 2.49 所示，并通过检测光标悬停的对应城市坐标点，控制是否显示该城市的介绍信息，实现代码示例如图 2.50 所示。

```
public void open_city_information()
{
    CityInformation.SetActive(true);
    canal_vis.SetActive(false);
}

public void close_city_information()
{
    CityInformation.SetActive(false);
    canal_vis.SetActive(true);
}
```

图 2.49　定位图标赋值添加 Image 组件　　　图 2.50　城市介绍信息显示实现代码示例

运河河段模块的最终实现效果如图 2.51 所示。

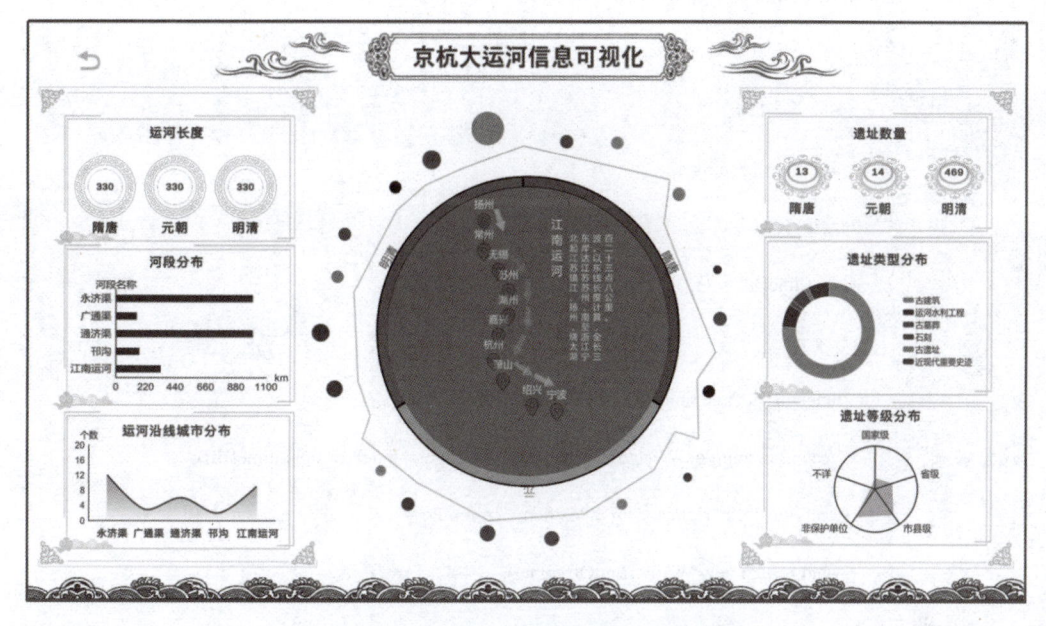

图 2.51　运河河段模块的最终实现效果

（3）运河文化遗址模块。单击运河基本信息模块中代表特定时期的遗址类型的圆点进入运河文化遗址模块，地图上将显示所选遗址散点地理分布情况。同时，用户单击特定时期的遗址类型，界面将显示相应的统计数据，以便用户更好地理解和比较不同时期和类型遗址的重要性和特点。此外，用户还可以选择特定的保护等级。单击保护等级，界面右侧将显示该等级下的遗址名称列表。通过选择具体的名称，用户可以进一步了解该遗址的详细信息。此时，界面将展示该遗址的信息介绍面板，包括其历史背景、文化价值、保护现状等内容。

在该模块中，系统实现了具体类型遗址数量统计数据的定位展示效果和两侧板块联动切换功能。根据收集的数据，分析具体时期具体类型遗址在京杭大运河沿线城市的分布数量的统计数据，将城市信息转换为坐标，利用 C#脚本中的 Update 函数，针对每一条数据在每一帧时触发不同坐标的更新操作，以达到遗址散点统一散落的效果。另外，当系统检测监听到代表遗址类型的圆点触发 MouseDown 事件时，将自动切换界面两侧的展示内容，并通过时间差计算控制两侧板块退出和进入的速度，部分实现代码示例如图 2.52 所示。

```
IEnumerator Disappear_right()
{
    _isShow = false;
    float time = Time.time;
    float timeDiff = 0;
    while (timeDiff < 1)
    {
        timeDiff = (Time.time - time) * moveSpeed;
        Vector2 currentPos = Vector2.Lerp(_showPos_right, _hidePos_right, timeDiff);
        RectTransform_right.anchoredPosition = currentPos;
        yield return new WaitForEndOfFrame();
    }
}
```

图 2.52　两侧板块控制部分实现代码示例

运河文化遗址模块的最终实现效果如图 2.53 所示。

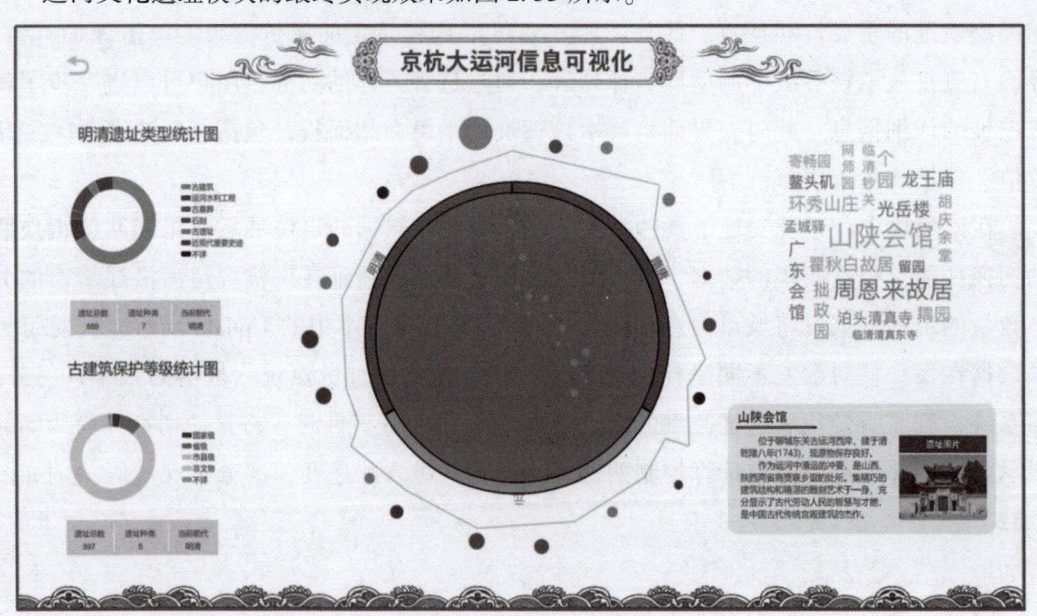

图 2.53　运河文化遗址模块的最终实现效果

(4) 运河沿线城市模块。通过单击代表具体时期的圆弧进入运河沿线城市模块，界面将显示对应内容。此外，通过移动光标还可以进行数据交互，用户可以根据自己的兴趣和需求，自由地探索和获取更多的相关信息。

在该模块中，界面两侧数据采用直接标识和借助图表表达相结合的展示方式。图表是由 Unity XCharts 这一图表可视化插件绘制的。其中，运河地势图表的构建最具特色，其借助面积图的基本框架，通过增加 Serie，并设置其中的相关属性，生动地呈现了运河河底高度与堤顶高度之间的关系，还在对应城市上方添加桥和闸的数量分布情况。Serie 属性设置如图 2.54 所示。

运河沿线城市模块的最终实现效果如图 2.55 所示。

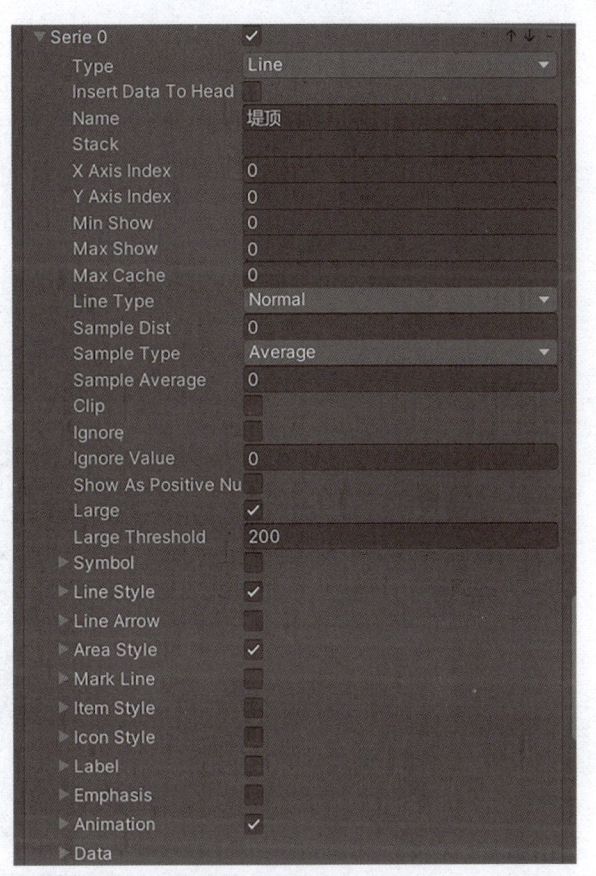

图 2.54　Serie 属性设置

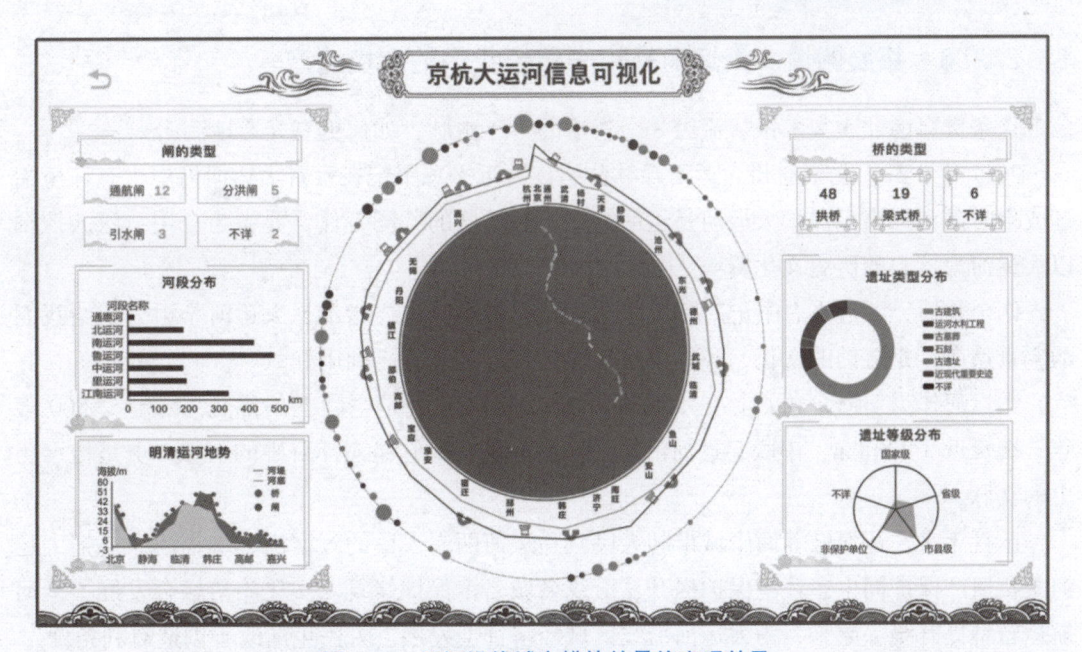

图 2.55　运河沿线城市模块的最终实现效果

(5) 运河漕运信息模块。通过单击对应时期运河沿线城市模块界面中的城市名进入运河漕运信息模块，界面将显示该城市与其他城市之间的漕运信息。系统引入 GL 库在 Unity 中绘制线条，通过在 OnDrawGizmos 或 OnDrawGizmosSelected 方法中调用 GL 的绘制函数，绘制代表货物运输的线条；采用 GL.Vertex 函数定位线条的起点与终点，即货物往来的出发地与目的地或中转地；借助 GL.Color 函数改变线条颜色，通过 SetPixel 函数改变像素大小。运河漕运信息模块的最终实现效果如图 2.56 所示。

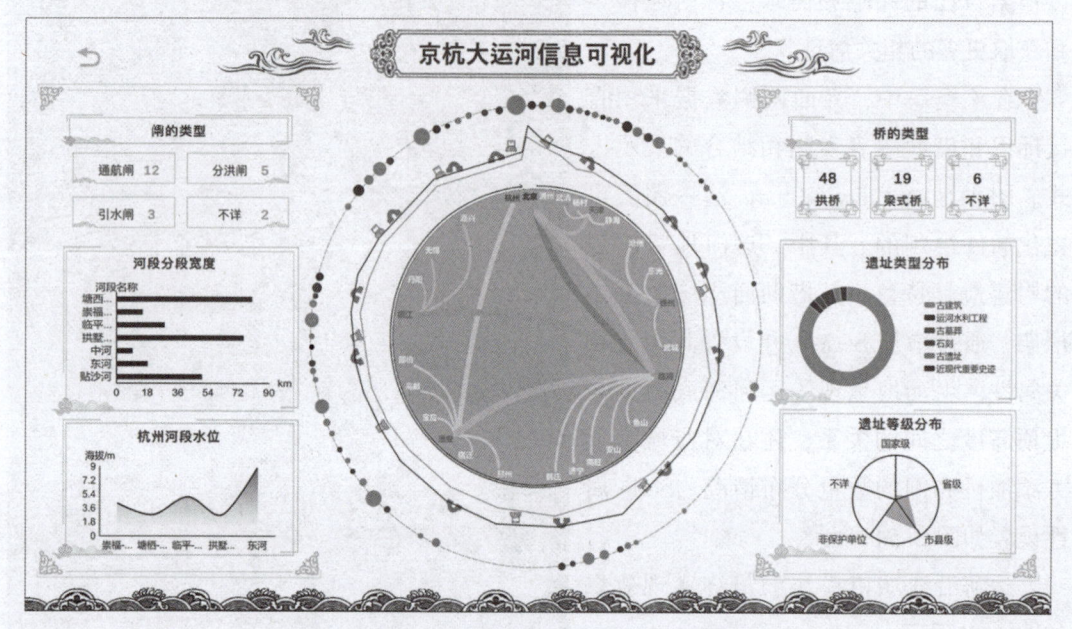

图 2.56　运河漕运信息模块的最终实现效果

2.2.6　拓展阅读：大运河是祖先留给我们的宝贵遗产

这条贯穿南北 5 大水系、流经 8 个省市的千年水脉，如何更有光彩地流向未来？

2017 年 2 月，北京通州大运河森林公园，习近平总书记在察看大运河沿岸生态环境治理成果时深刻指出，保护大运河是运河沿线所有地区的共同责任，要古为今用，深入挖掘以大运河为核心的历史文化资源。

四个月后，习近平总书记对建设大运河文化带作出重要指示，大运河是祖先留给我们的宝贵遗产，是流动的文化，我们要统筹保护好、传承好、利用好。

大运河作为"流动的文化"，既是时间上的流淌，也是空间上的绵延。穿越 2 500 多年、蜿蜒近 3 200 km，串联起运河沿岸的一座座城市。它是润泽百姓的水脉，更是传承历史的文脉。

千百年来，运河滋养两岸城市和人民，是运河两岸人民的致富河、幸福河。要把大运河文化遗产保护同生态环境保护提升、沿线名城名镇保护修复、文化旅游融合发展、运河航运转型提升统一起来，为大运河沿线区域经济社会发展、人民生活改善创造有利条件。

名人链接

● **郭守敬**(公元 1231—1316 年)：字若思，河北邢台人，元代杰出的科学家，尤擅长水利和天文历算，被誉为"京杭大运河之父"。

郭守敬一生治理河渠沟堰几百所，尤以规划修建京杭大运河最为人著称。公元 1271 年，郭守敬升任都水监，掌管全国水利建设。为实现京杭运河贯通，他进行系统勘测、科学规划，先后主持建成会通河、通惠河，南自宁波、北至大都的元明清大运河至此基本成形。

郭守敬尊重科学、因法而治，勇于担当奉献，注重实地勘察，在原有水利基础上不断创新，在水利事业上成就斐然。

● **沈括**(公元 1031—1095 年)：字存中，杭州钱塘人，宋代杰出官员、科学家。他不仅致力于科学研究，还是一位治水能臣和水利专家，多次参与治水。

沈括治理运河的一个创举是发明了分层筑堰测量法，就是根据汴河下游从开封到泗州堤岸地势的高低，依次筑起多层的堰坝，并分段测量上下堤堰里的水位高低，然后把各个堤堰里水位的高差加在一起，以求得汴河上下游之间的地势差。他用这种方法测量出从开封上善门到泗州汴河入淮口之间的距离为"八百四十里一百三十步"，即汴河从开封到淮河直线距离为 420 km；测量出两地的水平高差为"十九丈四尺八寸六分"，即 63.3 m。这些精确的数据，为当时及后来治理汴河提供了科学依据。分层筑堰测量法成为测绘学方面一个开创性的成果，在国际上也具有开创性。

思考题

(1)有人认为郭守敬是京杭大运河的总设计师，对大运河的建成有决定性的贡献；有人认为大运河是群体的智慧结晶，是广大劳动人民的创造性成果。你是如何看待这两种评论的？

(2)大运河的修建是基于人类通过意志和才智改造自然以服务于人类的信念。你认为这是对环境的全然征服，还是遵循自然规律的改造？请说明原因。

(3)文化遗产是人类的一种发展资源，它与自然资源的最大差异是什么？

(4)什么是创造性劳动，人类进行创造性劳动的意义是什么？

(5)请根据本次劳动实践，结合自己的作品，谈一谈数据可视化的作用和意义。

(6)智慧从哪儿来？有人说智慧从劳动来，对吗？

第三章 基于计算机视觉技术的劳动实践

3.1 分类改善环境，劳动创造财富

> **学习目标**
>
> (1) 了解垃圾的具体分类，明确你所在城市的垃圾分类状况；
> (2) 学习垃圾分类的意义以及各地对垃圾分类的指导性政策；
> (3) 了解计算机视觉技术在日常生活中的应用；
> (4) 在日常生活中能遵守垃圾分类规则，不乱扔垃圾。

计算机视觉技术被广泛地应用于人们的日常生活中，如常见的二维码扫描、人脸识别、拍照场景识别、文字识别等。本节以基于计算机视觉的垃圾分类系统为例，让学生通过实地考察校园以及实验室的垃圾桶和所处环境，收集不同类别的垃圾图片，学习计算机视觉在垃圾分类系统中的应用设计。同时，让学生通过实地劳动，体会垃圾分类的实际作用，在生活中做到不乱扔垃圾，自觉遵守当地的垃圾分类指导政策，并能在日常生活中监督他人，对垃圾进行分类。

3.1.1 课程导入：垃圾分类新时尚

随着社会的快速发展，垃圾存量急剧上升，"垃圾围城""垃圾围村"正日益成为困扰中国各个城市、乡村的难解之题。资料显示，中国是一个垃圾生产大国，每年的垃圾总排放量大约为10亿t，并还在不断增长。其中，生活垃圾约4亿t，建筑垃圾约5亿t，餐厨垃圾约1 000万t。垃圾分类是社会进步和生态文明的标志，是人人均可参与的保护环境和改善环境的方式，其具有以下几种非常重要的意义。

(1) 环境保护。通过垃圾分类，可以减少对环境的污染。通过正确分类和处理垃圾，可以最大限度地减少对自然资源的消耗和对土地、水源等的损害。比如，废弃的电池含有

金属汞等有毒物质，会对人类产生严重的威胁；废塑料进入土壤，会导致农作物减产。通过垃圾分类和回收利用可以减少这些危害。

（2）资源回收。垃圾分类可以促进废物的有效回收利用。通过将可回收物与其他垃圾分开收集和处理，可以将废物转化为可再利用的资源，减少对原材料的需求，有助于循环经济的发展。

（3）节约能源与减排。通过垃圾分类，可以减少废弃物中有害物质的含量，减少垃圾焚烧或填埋所产生的二氧化碳等温室气体的排放，在一定程度上节约了能源。

（4）提高环保意识。垃圾分类是一种行动，可以提高人们对环境保护的认知和环保意识，激发人们积极参与环境保护的主动性。通过垃圾分类的实践，人们可以更好地理解自己的消费习惯对环境的影响，并逐步改变不良的生活方式。

随着我国社会的不断发展，人民对美好生活的需求也从基本的衣食住行上升到更深层次的精神需求和环境需求，政府日益重视垃圾分类。常见的垃圾分类方式如图 3.1 所示。为深入贯彻习近平总书记关于生活垃圾分类的指示精神，落实党中央、国务院决策部署要求，统筹推进"十四五"城镇生活垃圾分类和处理设施建设工作，加快建立分类投放、分类收集、分类运输、分类处理的生活垃圾处理系统，国家发展和改革委员会、住房和城乡建设部于 2021 年 5 月组织编制了《"十四五"城镇生活垃圾分类和处理设施发展规划》。

图 3.1 常见的垃圾分类方式

目前，国家已经将北京、天津、上海、重庆、郑州等 46 个城市作为垃圾分类重点城市，陆续开始严格实行垃圾分类投放。但垃圾分类依旧面临很大的问题，如居民对垃圾分类的意识依旧较为浅薄，很多人不了解垃圾分类、不清楚垃圾分类标准，甚至有人认为垃圾分类是没有用的事情。不仅仅是居民，相关部门和政府也缺乏完整的体系，虽然出台了一些相关政策并落实，但依旧没有全面实施，还需要长久的努力。

在这里，有必要介绍一下我国曾经有过很长一段时间的"洋垃圾"进口政策。对于发达国家来说，垃圾处理人力成本高，垃圾回收成本也高。出口垃圾可以节省大量成本，也可以避免对本国环境的污染。很多垃圾并不是用科学的方式回收再利用，而是直接出口给了发展中国家。中国曾是世界第一大"洋垃圾"进口国，20 世纪 80 年代以来，国内以制造业为主的产业快速发展，为缓解原料不足，开始从境外进口可用作原料的固体废物。进口的

固体废物包括电子产品、塑料、废纸、金属制品等。对发展中国家来说，很难通过自己的资源储备满足对能源的需求。与进口矿石、燃料相比，进口固体废物价格低廉，其提取明显具有较高的性价比。此外，合理利用固体废物是实现全球循环经济的重要步骤。随着中国经济发展，生态环境部、商务部、国家发展和改革委员会、海关总署发布《关于全面禁止进口固体废物有关事项的公告》，自2021年1月1日起施行，明确禁止以任何方式进口固体废物，禁止境外的固体废物进境倾倒、堆放、处置。我国固体废物进口规模变化如图3.2所示。

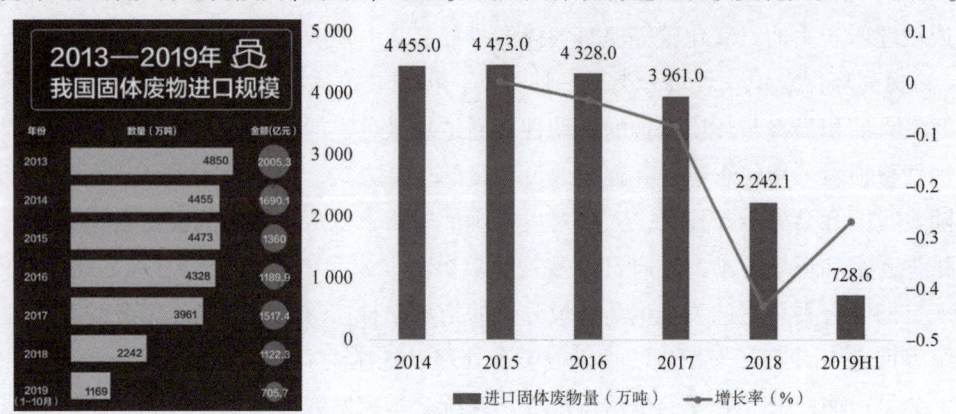

图 3.2 我国固体废物进口规模变化

(数据来自国家海关总署)

3.1.2 劳动实践任务

1. 课时要求

建议5周内完成，课内10课时 + 课外40课时。

2. 任务要求

(1)熟悉垃圾回收业务流程。参观(或上网了解)本地的垃圾回收企业，熟悉垃圾回收的整个业务流程。实地走访小区或者学校的垃圾点位设置、垃圾分类设置、垃圾处理车的工作流程以及垃圾回收单位对垃圾的分类要求，了解垃圾回收过程中存在的各种问题。

(2)采集分类垃圾图片。根据当地的垃圾分类要求，实地采集不同分类的垃圾图片数据，用于计算机视觉系统的分类训练。

(3)实地查看垃圾分类点位。思考如果要建设基于计算机视觉的垃圾分类系统，应该如何架设相机，如何满足设备的供电问题。思考如何实现整个系统的业务流程，涉及哪些客户端。

注：本劳动的实践任务涉及多个方面，包括分类垃圾数据采集、垃圾回收业务流程理解、计算机视觉系统的设计与安装、垃圾分类系统的设计与实施等。

建议分组实施，每组2~4人，小组中不同成员负责不同任务。

3. 实践步骤

(1)业务流程整理。通过实地考察或者网上检索，收集关于垃圾回收、分类运输、分类处理的全链条业务流程的相关信息，理清各个环节中可能涉及的角色。对收集到的信息进行整理，绘制完整的业务流程图。

（2）现场数据采集。以学校为主，到食堂/餐厅、实验室、公共场所采集不同分类的垃圾图片，整理后归类到不同的文件夹，用于后续的分析。

（3）数据增强，训练分类模型。现场采集的数据肯定不够多，为了训练模型，需要利用数据增强技术，模拟生成各种不同环境和条件下的垃圾图片，用于后续的分类模型。

（4）垃圾分类系统原型设计。基于完整的业务流程和垃圾分类环节上的各种角色，设计系统原型。该原型可分为移动端和PC端，移动端用于完成回收业务流程，PC端用于在浏览器端查看各类统计数据。

3.1.3　优秀作品展示：基于计算机视觉技术的垃圾回收系统

基于计算机视觉的垃圾回收系统(以下简称系统)主要针对垃圾分类中的可回收垃圾进行处理，设计了包括用户端、回收员端、管理员Web端等用户角色在内的完整垃圾回收流程。同时，利用用户拍照自动识别垃圾类别。整个系统的组成如图3.3所示。

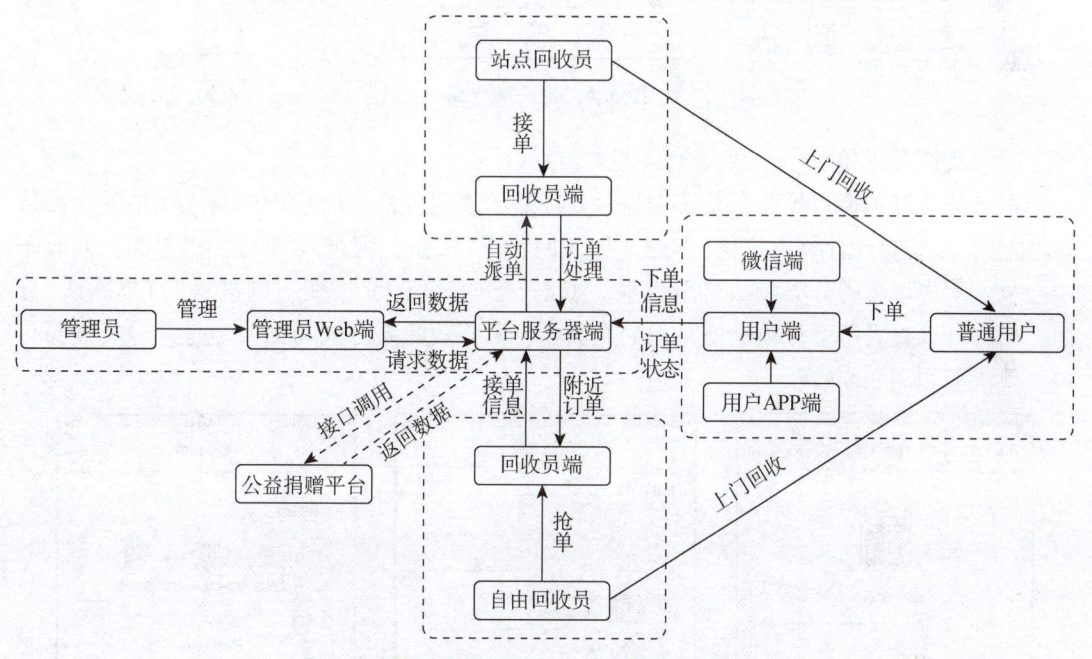

图3.3　基于计算机视觉的垃圾回收系统的组成

1. 用户端

用户端为用户提供废品回收、分类废品下单、未分类废品下单、订单状态查询、环保教育、环保作品查看等功能。

1）废品回收

在"分类废品"回收界面，系统将可回收废品分为废纸、废塑料、废旧电池等十二大类，点击每个大类的图标则会出现此大类中细分的子类，点击子类图标则进入订单填写界面。也可以直接点击右上角的"拍照识别"按钮，利用计算机视觉技术自动识别可回收废品的类别，并自动进入订单填写界面。用户端界面如图3.4所示，其中绿巨人回收是虚拟平台名称。

图3.4　用户端界面

2）分类废品下单

进入分类订单填写界面，系统会显示该废品的规定价格，用户可以输入预估的废品数量/重量，系统自动计算出价格。点击"加入回收车"按钮，则进入"回收车"界面，回收车中会放入用户填写的分类废品订单信息。点击"呼叫绿巨人"按钮，则进入"订单确认"界面，用户可以查看所下订单的信息，如有需要，可修改联系方式与回收地址。分类废品订单下单流程如图3.5所示。

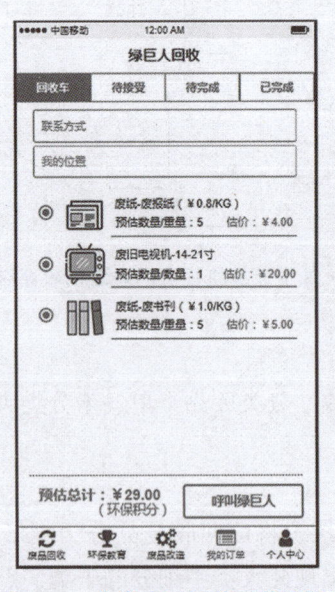

图3.5　分类废品订单下单流程

3）未分类废品下单

点击首页的"未分类废品"按钮，则进入"未分类废品"回收界面，用户需要输入联系方式、地理位置以及未分类废品的简单描述信息。点击"呼叫绿巨人"按钮，则进入"订单确认"界面，用户可以查看所下订单的信息，如有需要，可修改回收地址与联系电话。未分类废品下单流程如图 3.6 所示。

图 3.6 未分类废品下单流程

4）订单状态查询

待接受订单是用户下单但还未被回收员接单的订单，系统会显示用户等待的时间，用户可以修改此类订单的信息；待完成订单是用户下单且已被回收员接单，但回收员还未上门回收的订单，用户可以自行联系此类订单的回收员，也可以查看接单的回收员的位置；已完成订单中显示的是回收员以及完成回收的订单的信息，系统会显示此类订单完成交易的信息，用户可对上门回收的回收员进行评价打分。用户端各类订单状态如图 3.7 所示。

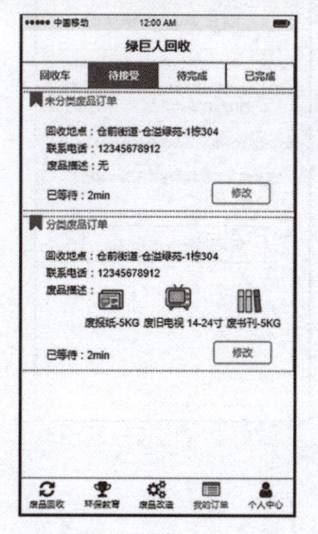

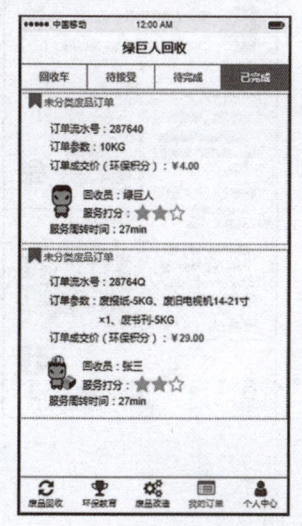

图 3.7 用户端各类订单状态

5) 环保教育

环保教育包括"知识市场""我的作品"和"我的成绩单"。"知识市场"界面主要分为两块内容，分别是"环保知识科普"和"环保知识测试"。点击"环保知识科普"中的环保教育题材，则可以查看用户上传的环保作品。环保教育和环保知识测试如图3.8所示。

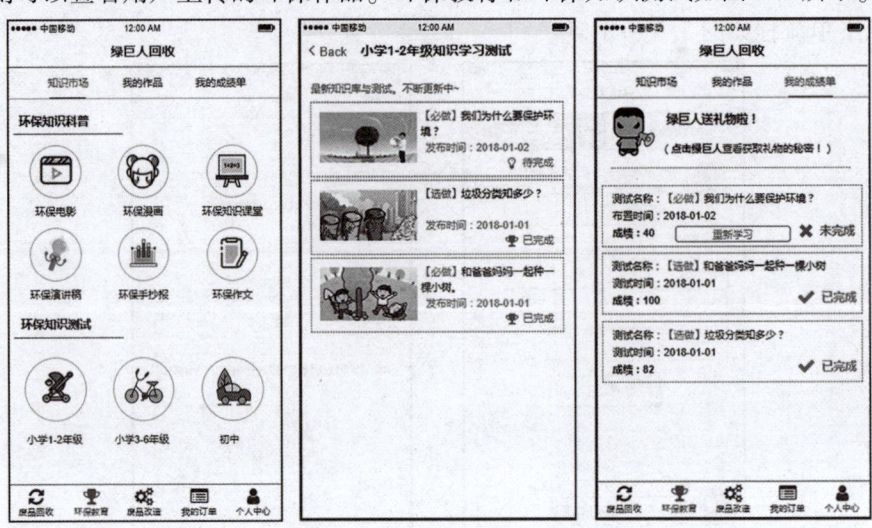

图 3.8　环保教育和环保知识测试

6) 环保作品查看

进入"我的作品"界面，用户可以查看自己上传过的作品信息，也可以点击"添加"按钮即时上传自己的作品。针对环保知识测试成绩优秀和积极上传作品的用户，系统设置了奖励环节。用户进入"申请奖励"界面，若满足条件，则可以申请小礼品。环保作品查看及奖励申请如图3.9所示。

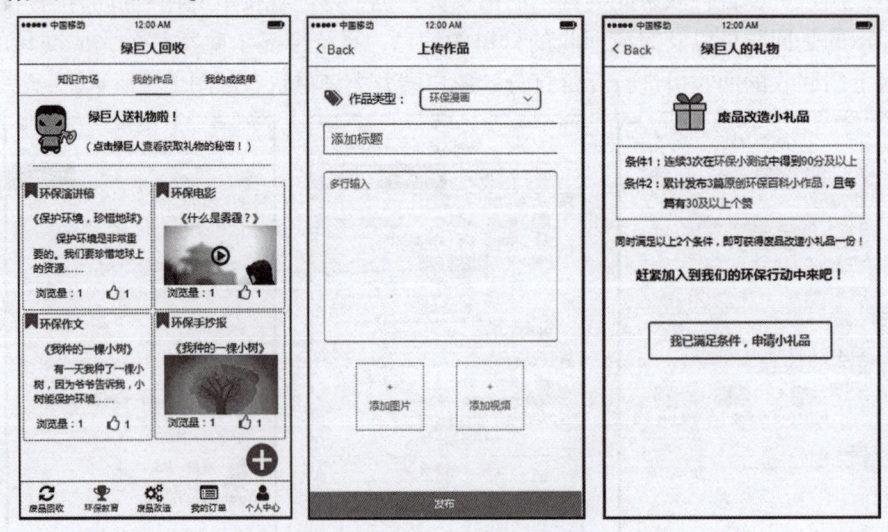

图 3.9　环保作品查看及奖励申请

2. 回收员端

回收员端用户主要是站点回收员以及自由回收员，用户在登录回收员端之后除了需要输入账号和密码处,还需要选择自己的身份。

1)接单池

接单池是专门为自由回收员接单提供的平台,自由回收员可以通过订单筛选,选择最合适自己的订单进行接单,如图 3.10 所示。

图 3.10　自由回收员接单池

2)各类订单状态

待完成订单是用户已下单但回收员还未上门回收的订单,回收员在完成该订单的回收之后需要点击"确认回收"按钮,并输入所回收的废品重量,系统会自动计算该笔订单价格供回收员查看;待结算订单为自由回收员已上门完成回收但还未去站点结算的订单;已结算订单为自由回收员已在站点完成结算的订单,点击该订单则可以查看结算订单详情。回收员端各类订单状态如图 3.11 所示。

图 3.11　回收员端各类订单状态

3）站点回收员

站点回收员的订单是系统根据站点位置按区域分配的，站点回收员可以对列表中的订单进行筛选，选择最合适的路径上门回收。同样，站点回收员端也有接单池、我的订单、个人中心等功能模块，此处不再赘述。站点回收员接单池如图 3.12 所示

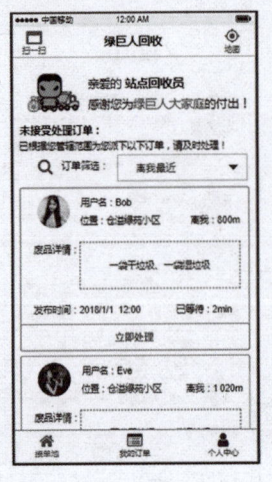

图 3.12　站点回收员接单池

3. 管理员 Web 端

管理员 Web 端包括用户组成统计、回收员统计、用户量统计等信息。其中，用户组成统计可以查看用户的性别、年龄组成以及环保教育中学生的年级，如图 3.13 所示；回收员统计可以查看站点回收员与自由回收员总体的服务评价，还可以对回收员进行筛选，查看特定回收员的订单与服务情况；用户量统计可以查看普通用户、家长用户、站点回收员以及自由回收员总的用户量和单日用户变化量，以及用户量的变化趋势，如图 3.14 所示。

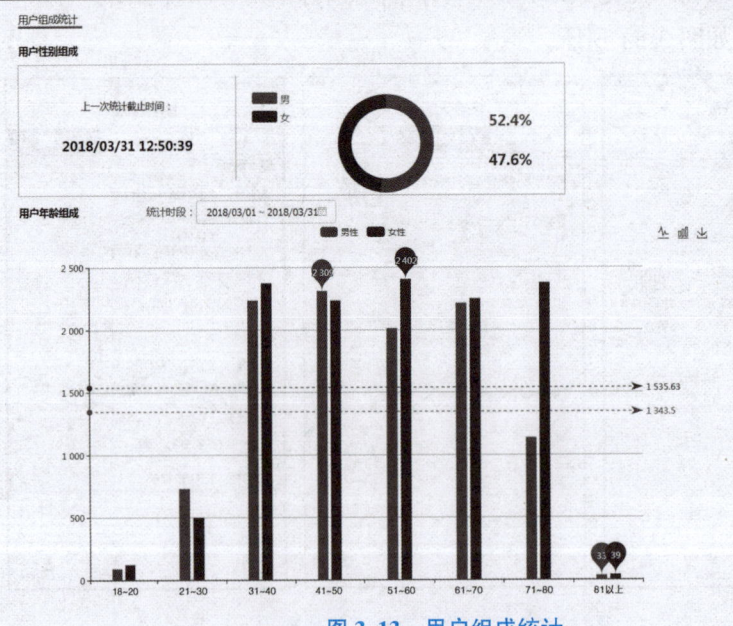

图 3.13　用户组成统计

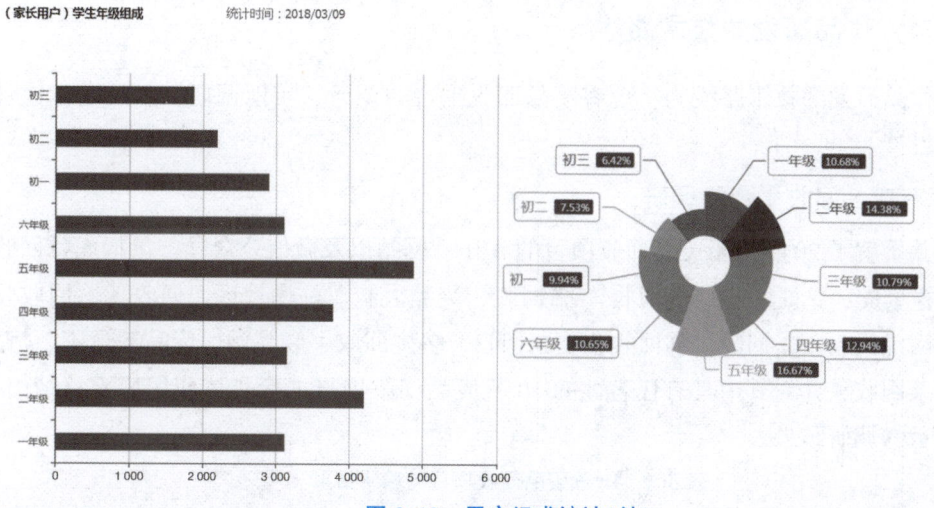

图 3.13　用户组成统计(续)

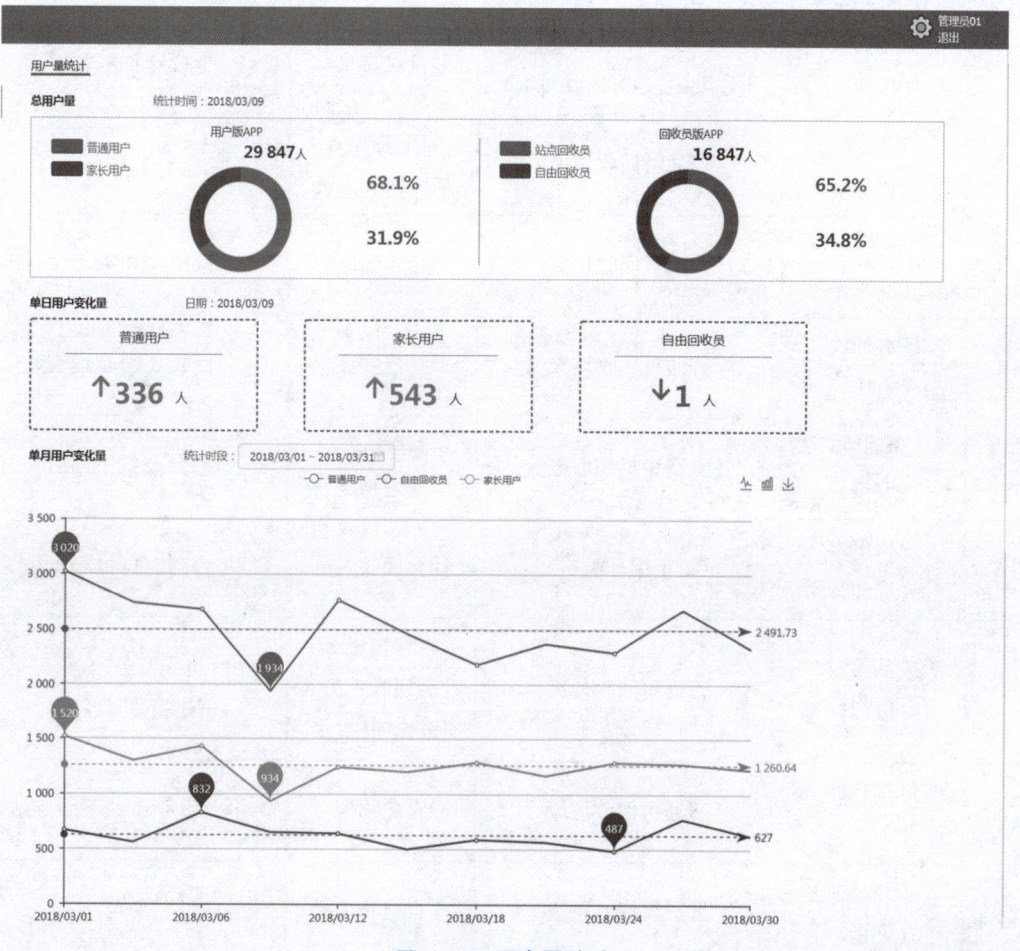

图 3.14　用户量统计

3.1.4 作品研发的技术路线

整个作品研发的技术路线为：现有废品回收平台的调研、实地调研、产品定位设计、系统架构设计。

1. 现有废品回收平台的调研

下载并了解了 20 款关于废品回收项目的 APP、网站以及微信公众号，包括虎哥回收、E 回收、香蕉皮、壁虎回收、爱回收、92 回收、废品大叔、好嘞社区、回收侠、回收哥、回收宝、网优回收、乐回收、易回收、袋鼠回收、多多回收、废品站、废品搬运工、淘源废宝、迈莱回收，并对其中具有代表性的 10 款废品回收项目进行具体使用后，总结出如表 3.1 所示的调研结果。

表 3.1　10 款废品回收项目的调研结果

序号	现有项目	垃圾分类	物流模式	是否单纯的平台
1	虎哥回收（杭州）	湿垃圾（厨余垃圾）干垃圾（普通可回收垃圾）	自建物流	平台 & 回收公司
2	E 回收（成都）	普通可回收垃圾	自建物流 & 加盟回收人员	平台
3	香蕉皮（北京）	普通可回收垃圾	自建物流	回收 & 处理
4	壁虎回收（重庆）	普通可回收垃圾	自建物流	回收 & 分拣运输
5	爱回收（全国）	各类旧手机和旧电器	自建物流 & 快递物流	平台 & 线下门店
6	92 回收（广州）	干湿分类	社会回收人员	平台（信息科技公司）
7	废品大叔（厦门）	普通可回收垃圾	自建物流 & 社会回收人员 & 加盟代理（供求）	电子商务公司，有线下回收门店
8	好嘞社区（河南）	普通可回收垃圾	自建物流	平台服务 & 线下服务站
9	回收侠（湖南）	普通可回收垃圾	自建物流	平台
10	回收哥（湖北、深圳等）	普通可回收垃圾	自建物流 & 社会回收人员	平台

2. 实地调研

挑选具有明显特征的地点进行抽样调查，包括现有废品回收项目覆盖的小区、现有废品回收项目未覆盖的小区、废品回收公司站点、流动商贩回收站点、幼儿园、初中、大学等。通过实地走访，采访不同小区的居民、废品回收公司站点回收员、流动商贩、中学生、大学生等，得到现有废品回收方式在下单模式、回收模式、交易模式等方面存在的问题，以及对 APP 端、微信端等通过网络进行回收的模式的一些看法和建议。实地调研如图 3.15 所示。

在实地调研的基础上，还针对不同的用户设计了不同的问卷，期望通过抽样调查得到不同的用户期望。针对普通用户，对用户对现有回收方式、回收废品处理形式、奖励机制和网络废品回收的期望等设计了不同的问题；针对回收员，对现有回收方式每日回收量、现有回收方式的不便之处、成本和利润的高低，以及回收员对废品回收方式的期望等设计了不同的问题。问卷调研如图 3.16 所示。

图 3.15 实地调研
(a) 在废品回收公司未覆盖的小区采访老年人；(b) 在废品回收公司覆盖的小区采访便利店管理员；
(c) 采访废品回收公司站点回收员；(d) 采访中学生；(e) 回收用户版问卷

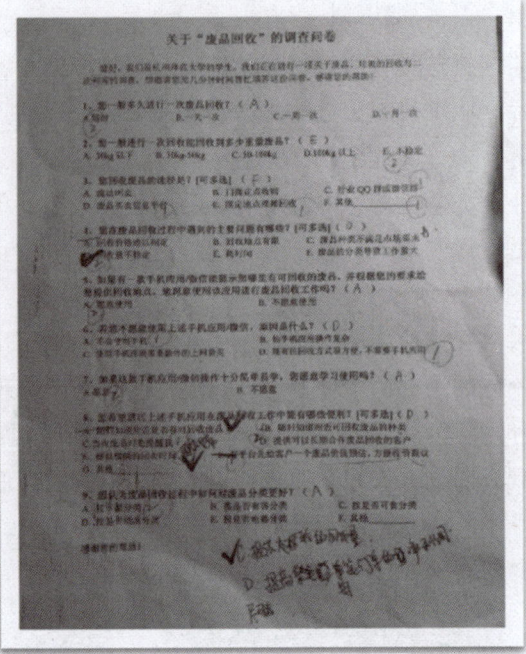

图 3.16　问卷调研

(a)普通用户版问卷；(b)回收员版问卷

3. 产品定位设计

通过废品回收的走访、问卷调研等实地调研，结合对现有资源回收 O2O(Online To Offline，线上线下商务)产品的调研，最终确定本产品的目标用户，并将其分为两大类：普通用户和回收员。其中，普通用户包括普通城市居民、有固定种类废品排放的店铺商家、幼儿及小学生家长等；回收员包括站点回收员和自由回收员。普通用户中，普通城市居民分为具有废品分类回收习惯的居民和没有废品分类回收习惯的居民；有固定种类废品排放的店铺商家包括超市、打印店、便利店等；幼儿及小学生家长则是环保教育功能的庞大用户群体；此外，针对老年人用户设置了便捷通道预约回收和积分转换制度。回收员中，站点回收员是指运营商根据不同划分区域设置在某个固定回收服务站的回收员；自由回收员则是指社会上的流动回收商贩，包括拾荒者、个体回收商贩、废品回收商。

根据以上调研结果以及目标用户确定整个产品的组成，包括用户端、回收员端和平台服务器端。

4. 系统架构设计

本系统的架构设计大致如下：Web 端和移动端获取用户数据并对其进行简单处理后，通过 Axios 将 JSON 格式的数据传入 RabbitMQ 消息队列发送给平台服务器端，通过 Nginx 进行反向代理和负载均衡，保持系统的安全性和稳定性。随后在平台服务器端的服务层使用 RESTful 服务接收客户端(Web 端和移动端)的请求和数据，在逻辑层对用户进行权限控制和业务逻辑处理，处理后调用数据层中的各个接口，这些接口连接数据库访问接口，从而实现数据库的增、删、改、查操作。数据的返回过程即上述流程的逆过程。系统架构如图 3.17 所示。

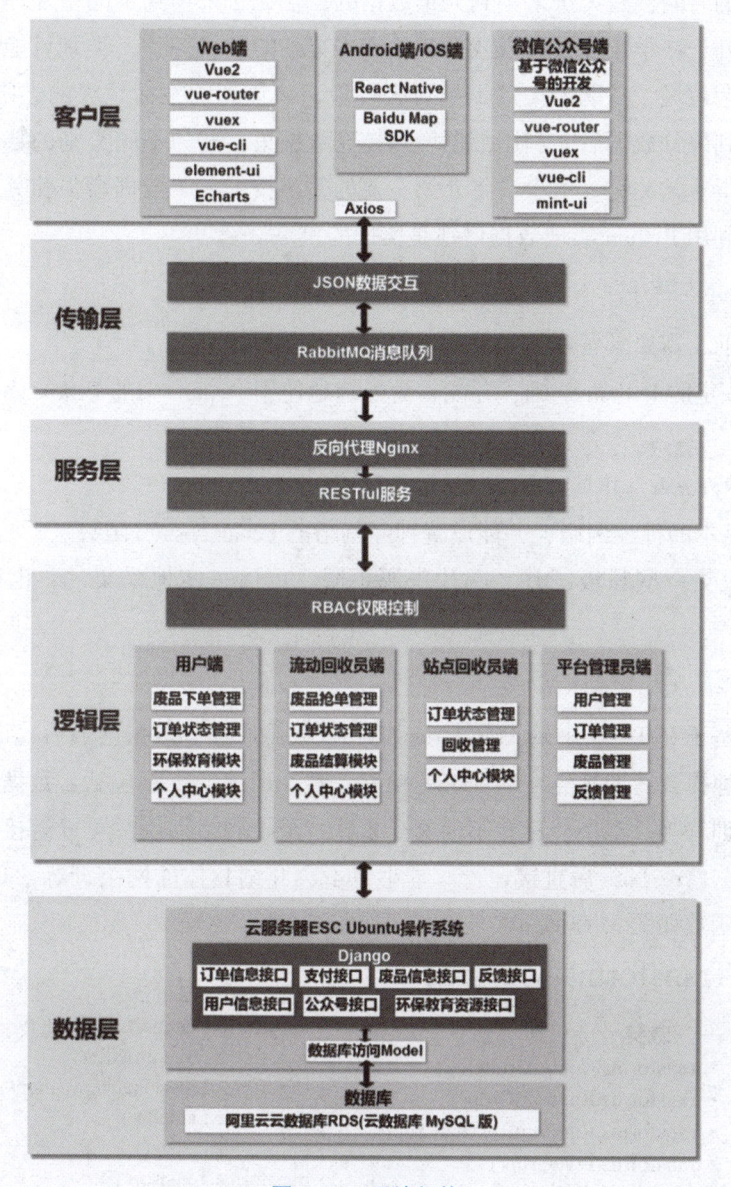

图 3.17　系统架构

3.1.5　关键技术与实操

PyTorch 是一种适用于神经网络设计的编程环境，本作品的关键技术为基于 PyTorch 实现的数据增强。

1. 实现内容

垃圾分类回收系统中,最重要的就是基于计算机视觉的垃圾分类识别算法。但是光靠本次课程短暂的时间,是无法采集到大量数据的,也无法采集到不同室外环境和条件下的各种数据。另外,在学校公共区域或者实验室采集到的垃圾图片,类别可能很不均匀,如无法采集到厨余垃圾,只能采集到少量有害垃圾,采集到的生活垃圾的类别也比较有限。为此,在收集到部分数据后,利用数据增强扩充数据集,并为不同类别的数据设置不同分类权重,就变得非常关键。本小节将介绍主要的关键技术——数据增强和分类权重设置的实操。其中,利用 Python 实现数据增强是实操的重点。

2. 实现技术与条件

在实操之前,需要具备以下条件。

(1)具有一定的 Python 基础,并能较为熟练地使用 Python 中的 Pillow 库进行基本的图片读写操作。

(2)了解 PyTorch,并具有 PyTorch 运行环境。

(3)了解基本的神经网络,并能设置神经网络的 Focal Loss( )函数。

(4)预先收集一些垃圾图片。图片来源不限,可以是实地采集的,也可以是网上下载的。

3. 实现步骤

本小节将基于 PyTorch 中的 Transforms 类实现数据增强。数据增强后,训练数据增加,能够非常有效地提高后期神经网络训练的精度。整个训练的步骤包括:数据增强、数据均衡处理、网络训练等。本小节只介绍前两个步骤,至于网络训练,可以直接在已有的各种网络的基础上,修改 Loss 后直接运行。本小节不会介绍具体的网络训练。Transforms 类常用的数据增强函数如图 3.18 所示。

Transforms Methods

一、裁剪
- transforms.CenterCrop()
- transforms.RandomCrop()
- transforms.RandomResizedCrop()
- transforms.FiveCrop()

二、翻转和旋转
- transforms.RandomHorizontalFlip()
- transforms.RandomRotation()

三、图像变换
- transforms.Pad()
- transforms.ColorJitter()
- transforms.RandomGrayscale()
- transforms.RandomAffine()
- transforms.LinearTransformation()
- transforms.Lambda()
- transforms.Resize()
- transforms.Totensor()
- transforms.Normalize()

四、Transforms 的操作
- transforms.RandomChoice()
- transforms.RandomApply()
- transforms.RandomOrder()

图 3.18 Transforms 类常用的数据增强函数

(1)数据增强。

数据增强(Data Augmentation,DA)是指对已有数据做微小改动或用已有数据新创建合成数据，以增加数据量的方法。数据增强缓解了深度学习中数据不足的问题，在图像领域有着广泛的应用。通过数据增强，可以提高模型的泛化能力和鲁棒性。本实验中，我们使用的数据增强方法如下：

①随机裁剪。利用 transforms.RandomCrop() 函数，可以实现从给定的图像中截取任意指定大小的子图像。例如 transforms.RandomCrop(322) 表示从输入图像中随机裁剪 322×322 的子区域。

②随机擦除。利用 transforms.RandomErasing() 函数，可以实现在原图随机选择一个矩形区域，该区域内的像素会被替换为随机值。在这个过程中，参与训练的图片会做不同程度的遮挡，这样可以降低过拟合的风险并提高模型的鲁棒性。示例代码如下：

```
#transpose(H,W,C)->(C,H,W)
img_array=np.array(img).transpose(2,0,1)
img_tensor=torch.form_numpy(img_array)
erased_img_tensor=transforms.RandomErasing(p=1,value(0,0,0))(img_tensor)
#(C,H,W)->(H,W,C)
erased_img_array=erased_img_tensor.numpy().transpose(1,2,0)
da8_img=Image.formarray(erased_img_array)
```

随机裁剪和随机擦除的效果如图 3.19 所示。数据增强的方法非常多，这里仅提供少数例子，学生可以课后自行查找资料，实现更多的数据增强效果。

图 3.19　随机裁剪和随机擦除的效果

(a) 原样本；(b) 随机裁剪；(c) 随机擦除

经过数据增强以后,将原始数据样本进行了扩充,并进行了归一化处理。图 3.20 展示了原始数据和经过数据增强及归一化处理后的数据。

（a）　　　　　　　　　　　　　　　（b）

图 3.20　原始数据和经过 DA 及归一化处理后的数据
(a)原始数据；(b)经过 DA 及归一化处理后的数据

（2）数据均衡处理。

主要采用 FocalLoss( )函数进行数据均衡处理。在采集的数据集中,不同类别垃圾的数量很可能存在着明显的不平衡,影响训练效果。可以采用 FocalLoss( )函数为 4 类采样样本设置不同的权重,以达到平衡数据集的效果。如图 3.21 所示,数据集存在不平衡的现象,可回收样本占绝大多数,而有害垃圾样本极少。所以,通过 FocalLoss( )函数将有害垃圾和其他垃圾权重分别设置为 5 和 4,将可回收垃圾和厨余垃圾的权重分别设置为 1 和 2。采样时会优先采样权重大的类别,从而减少因为数据集不平衡造成的干扰,提高模型的准确率。示例代码如下:

```
class FocalLoss(nn. Module):
                                    不同类别的权重
    def_init_(self, weight=none ,reduction,=' mean' ,gamma=0,eps=1e-7):
        super(FocalLoss,self). _init_()
        self. gamma=gamma
        self. eps=eps
        self. ce=torch. nn. CrossEntropyLoss(weight=weight,reduction=reduction)

    def forward(self,input,target):
        logp=self. ce(input,target)
        p=torch. exp(- logp)
        loss=(1- p)* * self. gamma* logp
        return loss. mean()
```

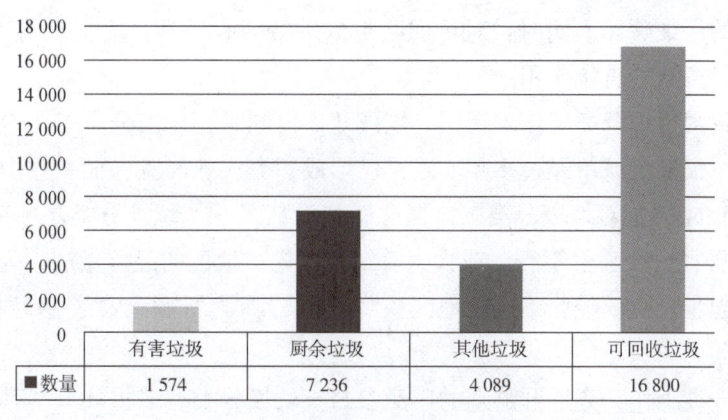

	有害垃圾	厨余垃圾	其他垃圾	可回收垃圾
■数量	1 574	7 236	4 089	16 800

图 3.21　各类垃圾的样本分布

3.1.6　拓展阅读：让见"圾"行事成为新时尚

2023 年 5 月 21 日，习近平总书记在给上海市虹口区嘉兴路街道垃圾分类志愿者的回信中（图 3.22），勉励他们用心用情做好宣传引导工作，推动垃圾分类成为低碳生活新时尚。习近平总书记在回信中对垃圾分类和资源化利用提出了新要求，为我们进一步做好垃圾分类工作指明了方向。

垃圾分类看似是小事，实则一头牵着民生，另一头系着文明。杂乱不洁、异味扑鼻，是垃圾收集点带给我们的一贯印象。而对垃圾进行分类收集，能使原本脏、乱、差的垃圾收集点变得整洁一新、井井有条，既能增加"颜值"，又能提升"气质"，使群众生活环境变得更加宜居舒适。推行垃圾分类，也是社会文明水平的重要体现。通过引导居民践行垃圾分类理念，有助于促使居民养成干净卫生的良好生活方式，进而提升居民文明素养，推动城市整体文明建设。

图 3.22　习近平总书记给上海市虹口区嘉兴路街道垃圾分类志愿者的回信

垃圾分类功在当代、利在千秋，做好垃圾分类，是生态文明建设的题中之义。对垃圾进行精准分类后，可对不同类别垃圾实施精准处理，使垃圾处理变得更加科学，更符合减量化、资源化、无害化要求，有助于节省因垃圾填埋而占用的土地资源，大幅减少垃圾对

自然环境产生的污染破坏。同时，对可回收垃圾进行回收处理，能提升再生资源利用率，对生态环境的保护有着直接作用。

近年来，我国垃圾分类工作取得了一定成效。但同时，垃圾分类工作也存在区域发展不平衡的问题，很多大城市经过多年实践，已形成一套成熟经验，而一些中、小城市及乡村地区仍是"门外汉"，对垃圾分类工作开展感到无从入手。垃圾分类是一项全局性工作，只靠大城市"唱独角戏"显然不行，应大力总结推广先进地区的经验做法，为其他地区提供参考借鉴，让起步较晚、经验不足的地区从"门外汉"变为"内行人"，将垃圾分类之"风"吹得更广、更远。

做好垃圾分类工作，离不开群众的广泛参与。垃圾分类有多重环节，其中精准投放是最基础的一环，如果投放不准确，那么分类收集、分类运输、分类处理等后续环节就都成了空谈。因此，政府部门应加强宣传引导，促使更多群众充分认识垃圾精准分类的重要意义，让"精准分类"理念进入更多寻常百姓家，成为居民生活习惯的一部分。同时，引导群众深入学习垃圾分类知识，做到正确分类、准确投放，让越来越多的群众成为垃圾分类的行家里手，使见"圾"行事、分"投"行动成为新时尚。

实施垃圾分类，若仅靠群众自觉，而不划定"硬框框"，其推行成效必然会大打折扣。因此，还需强化法规制度的刚性约束。目前，我国已有 20 个省、自治区及 173 个城市针对垃圾分类出台了地方性法规，垃圾分类法规制度体系正在逐步健全完善，但也有一些地区仍存在法规空白。各地应结合实际、因地制宜，及时制定出台有关垃圾分类的地方性法规，建立完善配套制度，通过建章立制，使垃圾分类从约定俗成的"习惯"变为白纸黑字的"守则"，助推垃圾分类工作高效有序开展，使垃圾分类各项举措真正生根发芽、落地开花，为推进生态文明建设、提高全社会文明程度贡献力量。

名人链接

- **陶侃（公元 259—334 年）**：字士衡，江西都昌人，初任县吏，永嘉五年，任武昌太守，建兴元年，任荆州刺史，被誉为晋代垃圾分类第一人。

史书记载，陶侃办事认真严格，日常工作非常勤勉，任荆州刺史时，命令造船官收集锯木屑，有多少收多少。当时，大家都不明白他的用意。后来正月初一集会，正遇上久雪初晴，厅堂前的台阶一片泥泞，举步维艰。于是他让人用锯木屑铺路，人来人往，方便行走。每次公家用竹子时，陶侃也会命令随从把锯下的竹头收集起来，直到堆积如山。后来桓温征伐四川，修造船只时，就用这些竹头做竹钉。陶侃曾经就地征用竹篙，有一个官吏把竹子连根拔出，用根部来代替镶嵌的铁箍，他就让这个官吏连升两级，对他加以重用。

思考题

（1）在你所在的城市，垃圾分类有哪些主要类别？这些类别是否与其他城市的分类标准有所不同？

（2）垃圾分类的主要意义是什么？它对环境和社会有哪些积极的影响？

（3）举例说明一种或多种你所在的城市对垃圾分类的具体指导性政策。这些政策是如何鼓励居民参与垃圾分类的？

（4）垃圾分类需要社区居民的共同参与才能取得成功。你认为如何能够更好地鼓励社区居民参与垃圾分类？

（5）请介绍一种计算机视觉技术，并说明如何使用它来帮助自动识别和分类垃圾，这种技术有哪些优势和局限性？

（6）除了垃圾分类，计算机视觉技术在日常生活中还有哪些应用领域？请举例说明。

3.2 走进田间地头，解惑劳作虫防

学习目标

（1）了解常见的农作物病虫害；
（2）在实践过程中认识常见的水稻虫害，以及虫害的防治方法；
（3）学习如何利用计算机视觉技术对虫害进行自动分类；
（4）了解如何设计一个基于计算机视觉技术的虫害识别系统。

农作物病虫害会引起作物生长过程中的营养供给短缺，使其生长发育受缓，从而导致农作物产量降低、品质下降，并最终导致农户收入降低。如何在病虫害的早期就进行干预，从而避免作物产量降低和质量受损，是农业生产中的重要环节。本节将介绍常见的农作物病虫害，特别介绍江南地区常见的水稻、蔬菜类虫害。学生通过实践劳动，认识常见的水稻、蔬菜类虫害，并利用计算机视觉技术，对农作物虫害进行自动识别和分类，感受技术在农业生产中的应用和影响。

3.2.1 课程导入：农作物病虫害识别

中国是人口大国、农业大国，有着 5 000 余年的农耕文明历史。我国有着 14 亿多人口的体量和超大规模的农产品需求，要建设现代化强国，首先要建设农业强国。确保把饭碗牢牢端在自己手中始终是发展之基、强国之本。在新的国际环境下，要牢牢把握国家粮食安全主动权，稳住农业基本盘，以国内粮食稳产保供的稳定性来应对外部环境的不确定性。

我国要建设的农业强国，是以坚实的农业大国地位为基础支撑的农业强国。习近平总

书记强调农业强国的"中国特色"的第一条，就是"依靠自己的力量端牢饭碗"，要求"农业强，首要是粮食和重要农产品供给保障能力必须强""保障粮食和重要农产品稳定安全供给始终是建设农业强国的头等大事"，把提升粮食产能作为首要任务，要坚持产能、产量一起抓。而要提升产能和产量，除了需要优良的种子及科学的种植和管理技术外，还需要进行农作物的病虫害防治。

农作物病虫害是影响农作物稳产、增产的重要因素，科学有效防控是保单产、稳总产的关键举措。针对农作物病虫害，2023年我国严格信息报送制度：2—6月对小麦重大病虫、3—9月对草地贪夜蛾、6—9月对水稻重大病虫、6—8月对蝗虫发生防控信息实行一周一报制度，同时执行新发、突发重大病虫害当天即报制度，及时掌握发生防治动态。2023年，农业农村部设定了总体目标，通过实施"虫口夺粮"保丰收行动，确保农作物重大病虫害总体危害损失率控制在5%以内，力争较上年多挽回粮油作物产量损失30亿斤以上。统一组织实施三大粮食作物统防统治或绿色防控面积8亿亩次，统防统治覆盖率较上年再提高1个百分点，达到44.6%，绿色防控覆盖率再提高2个百分点，达到54%。

1. 农作物病虫害

农作物病虫害是指在农田中常见的一系列病害和虫害，对农作物的生长和产量具有严重的影响。

农作物的病害包括真菌、细菌和病毒等。常见的真菌病害有锈病、霜霉病、白粉病等；细菌病害有炭疽病、青枯病等；病毒病害有花叶病毒病、黄化矮化病、马铃薯叶状病毒病等。病害会导致农作物的叶片枯萎、果实腐烂等，严重的甚至会导致农作物死亡。图3.23展示了一些典型的水稻病害。

图3.23 一些典型的水稻病害

农作物的虫害包括昆虫和螨虫等。常见的昆虫虫害有蚜虫、食叶害虫、果实害虫、稻飞虱、棉铃虫等；常见的螨虫虫害有红蜘蛛、蓟马等。图3.24展示了部分农作物虫害图（由于虫害可能会引起部分读者的不适，这里做了一些模糊处理）。

图 3.24　部分农作物虫害

(来源：自中国科学院农业病虫害研究图库)

这些病虫害对农作物的影响是多方面的。首先，它们会导致农作物减产甚至死亡，直接影响农民的经济收益。其次，病虫害会破坏农作物的生长环境，使农作物的生长不健康，影响农作物的品质和食用安全。最后，病虫害还会传播病毒，导致病毒病害的扩散，加重农作物的损失。

2. 农作物病虫害防治

为了防治农作物的病虫害，农民可以采取以下措施。

（1）预防措施。选择抗病虫害的品种，培育抗病虫害的农作物。

（2）良好耕作习惯。采用轮作制度，避免同一地块长时间种植同一种作物，减少病虫害的滋生。

（3）生物防治。利用天敌和寄生生物来控制病虫害，如引入捕食性昆虫、施用杀虫菌等。

（4）化学防治。适当使用农药来控制病虫害，但要注意使用剂量和频率，以避免对环境和人体健康造成不良影响。此外，还可以合理施肥来保持土壤的肥力平衡，提高作物的抗病虫害能力。

（5）农业机械防治。利用农业机械进行病虫害的防治，如利用机械清除虫卵和病斑等。

农作物病虫害是农民在种植过程中常常面临的问题。它们对农作物的生长和产量具有严重的影响，因此需要采取一系列的防治措施来保护农作物的健康生长。只有采取科学的防治方法，才能保障农作物的安全生产和农民的经济利益。

3.2.2 劳动实践任务

1. 课时要求

建议 5 周内完成，课内 10 课时+课外 40 课时。

2. 任务要求

(1)为了了解农作物病虫害的具体表现，需要通过实际的下地劳作，观察农作物种植场所中的病害和虫害现象。

(2)了解农作物种植者对病虫害的认识和防治措施。

(3)拍摄不同病害农作物和虫害的图片，用于后续分析。

3. 实践步骤

为了了解各种不同的病虫害，建议将学生分为不同的组别：病害组、虫害组。如果学生较多，且条件满足，可以根据不同农作物再将病害组和虫害组进行细分，如小麦病害组、玉米病害组、白菜病害组等，虫害组也可以根据卵、幼虫、蛹和成虫等不同的虫害形式进行细分。具体实践步骤如下。

(1)根据学生人数和农作物场地进行实验分组，每个小组指定一个组长。

(2)根据时间和季节，通过查询资料，了解不同农作物在不同时节可能存在的病虫害，并实地进行观察和拍摄。注意：拍摄时，要求画面中仅出现农作物，尽量不要出现非农作物，拍摄的图片越多越好。

(3)与种植户进行交流，了解农作物主要的病虫害对农作物造成的影响，以及他们的防治和应对措施。

(4)组长负责收集每个组员拍摄的图片，自查资料，并与种植户交流，明确病虫害类别。为了后续的计算机视觉处理，最好每种病虫害类别的图像能达到 100 张。如果不够，可通过网络查找，收集足够的图像数据。

(5)利用常见的分类模型(如 YOLO)，对采集到的病虫害图像进行训练，并测试分类效果。

3.2.3 优秀作品展示：基于计算机视觉技术的水稻虫害识别系统

针对农作物病虫害的识别与防治问题，我们设计了一套基于计算机视觉技术的水稻虫害识别系统(以下简称系统)。系统主要分为移动端和 Web 端。

1. 移动端

移动端主要是方便用户在现场拍摄病虫害图片，并记录拍摄时的相关信息，病虫害图片上传到后台以后，后台的识别系统会进行自动分类识别，并返回识别结果和相应的病虫害防治措施。如图 3.25 所示。

图 3.25 移动端界面的登录、图片采集及图片上传界面

移动端的具体功能如下。

(1)病虫害识别。拍摄病虫害图片后,上传至后台,即可返回识别结果和防治措施。

(2)结构化信息存储。识别或者明确病虫害以后,可以连同图片和当前农作物生产地的相关信息,以及时间、气候、人员等结构化信息,保存至后台。

(3)病虫害记录查询。如图 3.26 所示,在个人登录后,可以查看历史病虫害登记信息,从而保留完整的病虫害记录。

(4)病虫害统计。如图 3.26 所示,可以在个人账户下,查看病虫害的具体分类统计信息。

图 3.26 移动端的检测记录、虫害统计和个人中心界面

2. Web 端

Web 端主要包括两大功能模块:基于计算机视觉技术的病虫害分类识别,以及数据统计与分析。前者属于算法模块,后者则属于数据分析模块。通常,移动端将图片上传至

Web 端，Web 端经过算法模块分析后，以 JSON 格式将结果返回，同时保留移动端上传的数据。数据分析模块则展示所有移动端用户上传的数据的统计信息，以及基于上传数据的分析结果。Web 端界面如图 3.27 所示。

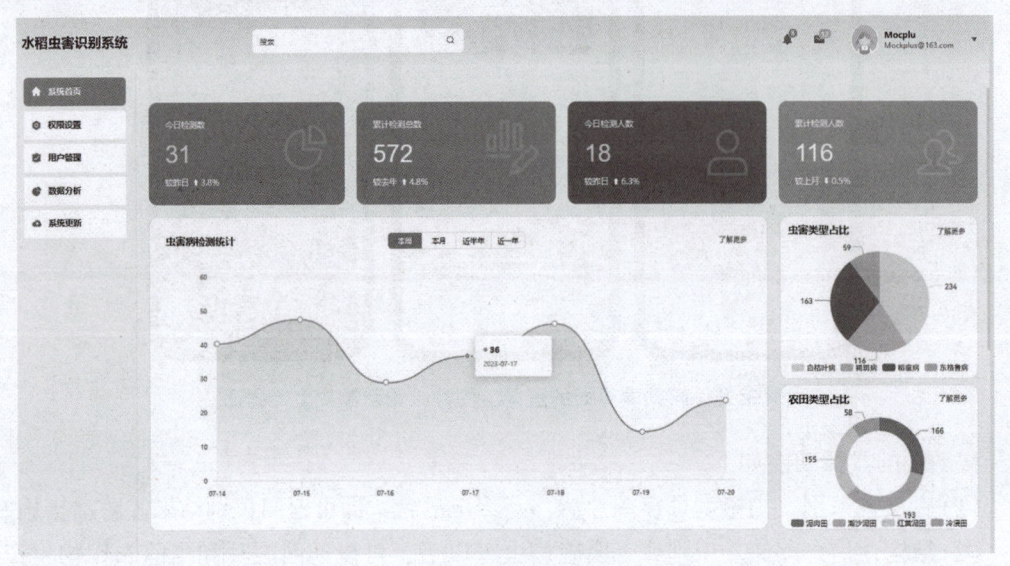

图 3.27 Web 端界面

整个 Web 端界面主要包括系统首页、权限设置、用户管理、数据分析及系统更新等功能模块。其中，系统首页的统计信息如图 3.28 所示。权限设置界面如图 3.29 所示，为了后期的扩展，系统设置了高级管理员、技术经理、农技人员等不同的角色，用户可以为这些角色设置不同的权限。在用户管理界面，可以编辑注册用户的相关信息，也可以删除指定的用户，如图 3.30 所示。数据分析界面则针对新增用户、注册用户等用户信息进行统计分析，如图 3.31 所示。此外，后期还可以根据病虫害信息，进行更加细致的分类统计。

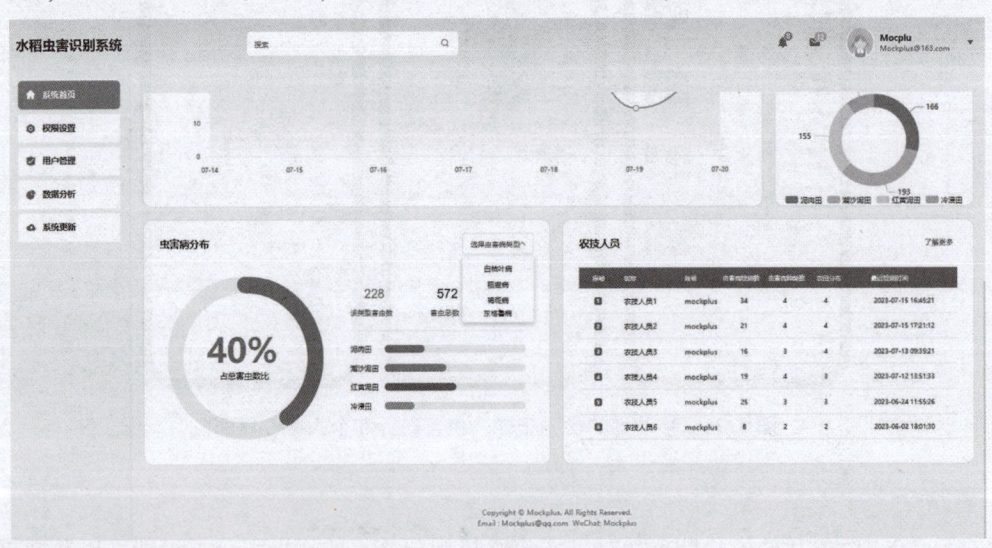

图 3.28 系统首页的统计信息

图 3.29　权限设置界面

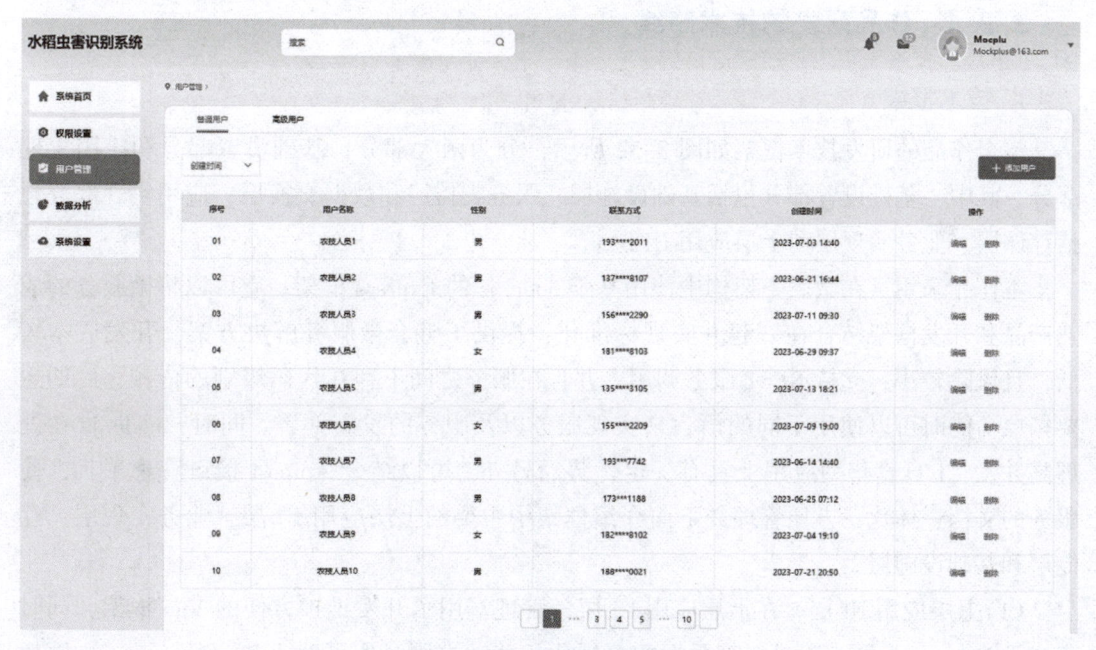

图 3.30　用户管理界面

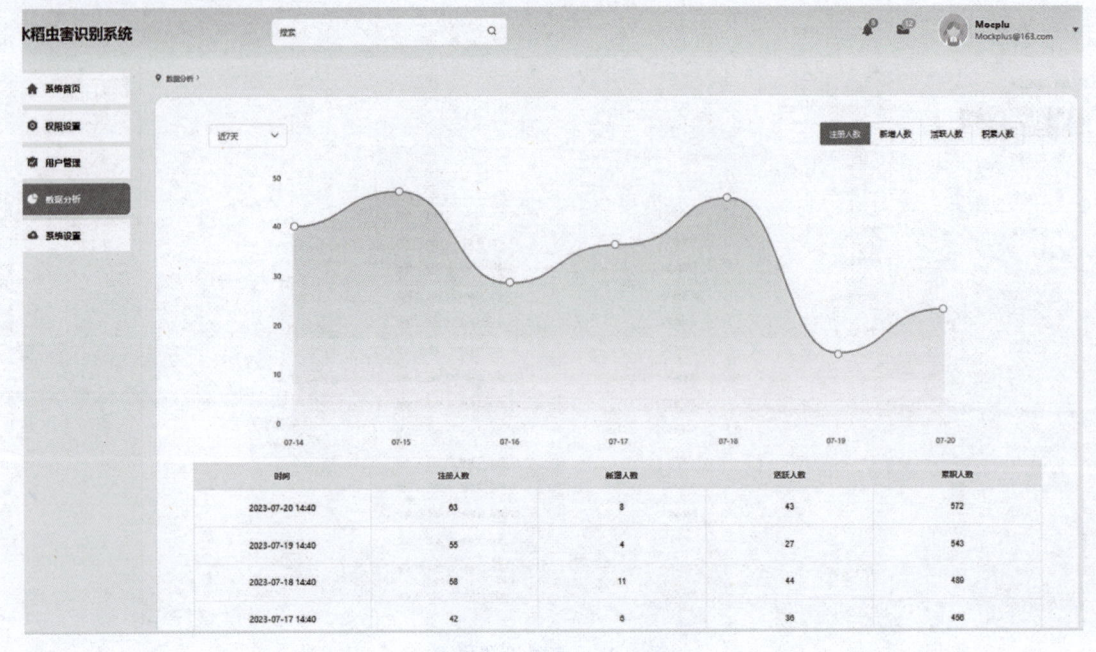

图 3.31　数据分析界面

3.2.4　作品研发的技术路线

1. 技术框架

整个作品的研发技术框架如图 3.32 所示，分为两大部分：基础设置部分和应用实现部分。其中，基础设置部分包括基础设施层、服务支持层和数据交换层；应用实现部分包括存储层、业务实现层和上层应用 UI 层。

本作品采用了在微服务架构中使用基于 node.js 的 Express 框架。它可以将微服务的成熟产品和开发框架结合在一起并实现标准化，提供了整套微服务解决方案，开发成本较低，且风险较小；支持 REST 服务调用，并且在服务之间不存在代码级别的依赖，后期想要拓展功能时可以使用不同的语言来实现服务以及服务的发布部署。同时，node.js 在处理高并发、I/O 密集型应用上具有一定优势。另外，可以结合 Apipost 接口管理工具，使服务的文档一体化，方便管理。下面介绍框架中主要的上层应用 UI 层、业务实现层、存储层和基础设施层。

（1）上层应用 UI 层。在上层应用 UI 层，管理端用了开发维护方便的 Vue 框架，同时集成了 Echarts.js 图表工具提高数据的可视化。移动端则是用了时下热门的 uni-app 框架开发的微信小程序，有着即用即走、无繁杂操作步骤的特性，从而解放用户。

（2）业务实现层。在业务实现层使用了 MyBatis-Plus，集合了传统 MyBatis 的灵活映射和 hebirenet 的方便语法，使开发者从 SQL 语句中解放出来并且保证了访问效率。另外，使用 Nginx 进行反向代理，直接解决了一切由微服务架构和前后端分离开发所带来的跨域问题，同时实现负载均衡，使集群之间的访问更流畅、更自然。

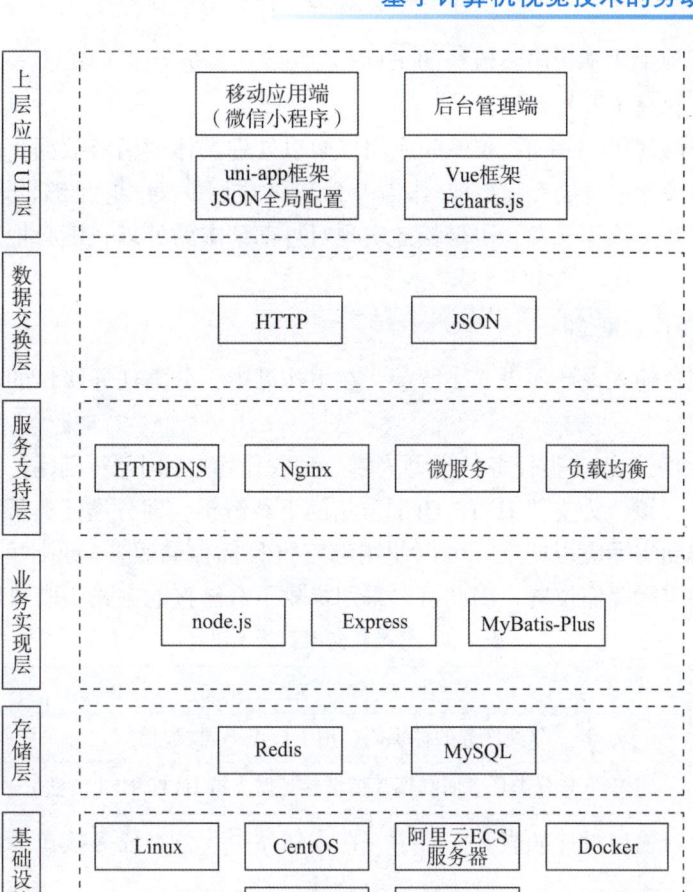

图 3.32　研发技术框架

（3）存储层。本作品的分布式数据库基于 Redis+MySQL，不保证分布式数据库的强一致性，因为 Redis 和 MySQL 之间不需要强一致性，利用 Redis 的 lua 脚本执行功能，在每个节点上通过 lua 脚本生成唯一 ID 来确保分布式数据库数据的最终一致性，很好地处理了多台应用服务器的并发访问，保证了数据的安全性与高可靠性。同时，设置了 Redis 缓存池实现 session 的共享，即用代码来解决分布式数据库唯一 ID 的问题。

（4）基础设施层。本作品主要采用的是阿里云 ECS 服务器，使用 Docker-compose 将微服务容器化、自动化部署，并进行微服务编排，使用阿里云容器服务提供的弹性计算应对不同规模的访问灵活的伸缩服务集群，并且使用 redis 分布式数据库来进行数据库唯一 ID 的生成，同时，还使用了 MQS 消息服务器和 Docker 来应对高并发的访问。

2. 接口设计

为了统一系统移动端和 Web 端的响应接口，需要服务器向前端（Web 前端、移动端）提供方便可扩展的接口。本项目使用 RESTful 风格来开发 Java Web，REST 就是将资源的状态以适合客户端或服务端的形式从服务端转移到客户端，通过 URL 进行识别和定位，然后通过 HTTP 方法来定义功能的具体实现。

接口数据类型主要基于当下流行的 JSON 数据格式，避免了 XML 冗长的书写，便于对象的直接转换，提高了开发效率。

此外，本作品使用 Flask 作为 Web 应用框架以处理具体的请求数据，并与用于农作物分类的神经网络模型进行交互。Flask 作为一个 Web 应用框架，它足够轻量，也足够灵活，使用户能进行高效的编程开发，更轻松地实现对外部请求的处理，不必把工作的重心放在研究框架本身上。

3. 分类任务接口规则

分类任务接口输入设计如表 3.2 所示，在本作品中，分类任务接口的输入具有两个键值对。

(1) code：用于标识分类任务的类型为哪一种农作物，如小麦、水稻、棉花等。

(2) get_link：该值为支持 HTTP GET 方法的下载链接，即分类任务所需处理的图片的链接地址。考虑到实际应用场景，可以使用第三方目标存储服务（如阿里云的 OSS 服务）作为图片文件的实际存储位置，因此可以采用提供下载链接的方式获取图片。

表 3.2　分类任务接口输入设计

key	val	type
code	分类任务的标识码，用于标识不同农作物	string
get_link	用于下载分类任务所需图片的链接（需支持 HTTP GET 方法）	string

分类任务接口输出设计如表 3.3 所示，在本作品中，分类任务接口的输出具有两个键值对。

(1) code：用于标识接口输出的状态码。该状态码表明了接口的处理结果是成功或是各类不同的错误。

(2) msg：在接口处理成功的情况下，用于标识分类任务的结果。该值即输入图片经分类后得到的实际类型名称。

表 3.3　分类任务接口输出设计

key	val	type
code	分类结果状态码	number
msg	分类结果信息	string

3.2.5　关键技术与实操

1. 基于 YOLO 的目标分类实现

1) 实现内容

整个项目涉及 Web 端、移动端和算法端的技术内容。其中，算法端主要是接收前端（包括 Web 前端和移动端）的图片，利用神经网络对图片进行分类，并将分类结果返回给前端。本小节主要介绍如何利用已有的神经网络，实现算法端的图片分类任务。

2) 实现技术与条件

在进行实操前，请进行下列准备。

(1)收集一定数量的分类图片。如前所述，至少需要有两个分类的农作物病虫害图片，且每种病虫害类别的图片能达到至少 100 张。

(2)能熟练使用 Python，了解 PyTorch 框架。

(3)了解 YOLOv5 分类神经网络。要求版本：6.2 及以上(6.2 及以上添加了分类模型)。

3)实现步骤

以下将从 YOLO 试运行、利用自制数据进行分类等步骤，详细介绍如何利用 YOLO 实现基于计算机视觉技术的农作物病虫害分类。

(1)YOLO 试运行。YOLOv5 项目结构如图 3.33(a)所示，其中，classify 文件夹主要用于目标分类，detect.py 是用于检测推理的核心文件。classify 文件夹中的主要文件如图 3.33(b)所示，其中，predict.py 用于分类模型的推理，train.py 用于分类模型的训练，tutorial.ipynb 是一个 jupyter 格式的示例文件，val.py 用于评估分类模型。

(a)

(b)

图 3.33　YOLOv5 项目结构及 classify 文件夹中的主要文件

(a)项目结构；(b)classify 文件夹中的主要文件

为了使用预训练的数据，一般还需要在 YOLOv5 项目结构中创建一个 weights 文件夹，用于存放预训练的参数集。这些预训练参数集可以到 https://github.com/ultralytics/yolov5/releases 下载。按照本任务的要求，只需要下载 yolo5s 或者 5m 的模型就够了。预训练好的参数文件类似图 3.34 所示，其中，*.pt 表示 pytorch 格式的参数集，l 表示较大的模型。本项目为分类检测，因此可以下载带有 cls 的分类权重文件。

Model	size (pixels)	accuracy top1	accuracy top5
分类用预训练权重文件			
YOLOv5n-cls	224	64.6	85.4
YOLOv5s-cls	224	71.5	90.2
YOLOv5m-cls	224	75.9	92.9
YOLOv5l-cls	224	78.0	94.0
YOLOv5x-cls	224	**79.0**	**94.4**
ResNet18	224	70.3	89.5
ResNet34	224	73.9	91.8

(a) yolov5l.pt
yolov5l6.pt
yolov5m-cls.pt   l: 表示large
yolov5m-VOC.pt   m: 表示median
yolov5m.pt   s: 表示small
yolov5m6.pt

(b)

图 3.34 预训练好的参数文件

(a) 用于目标检测的权重文件；(b) 用于分类的权重文件

下载完权重文件以后，就可以通过简单编辑 classify\predict.py 文件，在本地运行 YOLO 网络了，如图 3.35 所示。

```
if _name_ == '_main_':        权重文件路径
    opt = parse_opt                ↓
    opt.weights = Root /"weights/yolov5s-cls.pt"
    main(opt)
```

图 3.35 编辑 classify\predict.py 文件

要注意权重文件的路径设置。如果未进行任何修改，默认是对 data\images 文件夹下的图片进行分类检测。

一旦运行成功，会在当前目录创建 runs\predict-cls 子文件夹。在该子文件夹，会根据运行次数分别创建 exp, exp1, exp2 运行结果子文件夹。在 exp 子文件夹中，所有 data\images 文件夹下的图片左上角，会显示 top5 识别结果，如图 3.36 所示。

图 3.36 分类结果显示在每张图片的左上角（YOLOv5 环境包中自带的默认图像）

（2）利用自制数据进行分类。接下来，需要基于采集的各种病虫害数据，进行自制数据的分类训练。在 YOLOv5 中，使用 model 参数存放预训练模型，使用 data 参数存放训练数据或者推理数据的地址，如图 3.37 所示。

```
def parse_opt(known=False):                  model参数指定预训练模型的权重文件
    parser = argparse.ArgumentParser()       data参数指定训练数据
    parser.add_argument('--model', type=str, default='yolov5s-cls.pt', help='initial weights path')
    parser.add_argument('--data', type=str, default='imagenette160', help='cifar10, cifar100, mnist
    parser.add_argument('--epochs', type=int, default=10, help='total training epochs')
    parser.add_argument('--batch-size', type=int, default=64, help='total batch size for all GPUs')
    parser.add_argument('--imgsz', '--img', '--img-size', type=int, default=224, help='train, val im
    parser.add_argument('--nosave', action='store_true', help='only save final checkpoint')
    parser.add_argument('--cache', type=str, nargs='?', const='ram', help='--cache images in "ram"(
    parser.add_argument('--device', defalut='', help='cuda device, i.e. 0 or 0,1,2,3 or cpu')
```

图 3.37　model 和 data 参数存放列表

2. 自制训练数据准备

在组织训练数据时，需要把数据按照规定的格式进行保存，自制训练数据的文件结构安排如图 3.38 所示。假设要训练的数据集名字叫 RiceleafDisease，至少需要建立两个文件夹（不考虑验证集），分别是 RiceleafDisease\train 和 RiceleafDisease\test，并在这两个文件夹下面新建子文件夹，将不同类别的图片存放在不同的子文件夹中。假设有 10 种水稻病虫害，则在 train 和 test 文件夹下面各建立 10 个子文件夹，存放不同数量用于训练和测试的数据集。根据实践任务，假如每个类别需要 100 张图片，则可以根据 7 ∶ 3 的比例（该比例可自定义），每类选择其中 70 张用于训练，30 张用于测试。

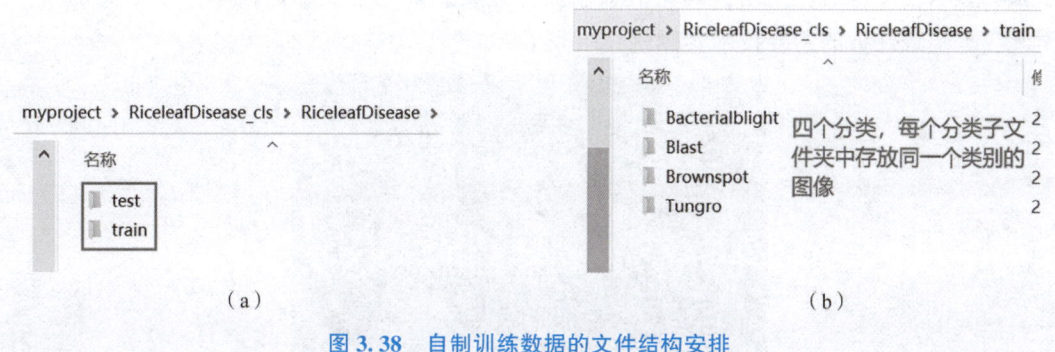

（a）

（b）

图 3.38　自制训练数据的文件结构安排
（a）train 和 test 文件夹；（b）train 文件夹中的子文件夹

3. 分类模型训练

数据准备好以后，打开 classify\train.py 文件，在该文件中修改权重参数 model 和数据参数 data。其中，model 参数改为下载的 yolo5s-cls.pt 文件的路径，data 参数改为 RiceleafDisease 文件夹路径。还可以自行修改 epochs、batch_size、图像大小等 opt 中的其他参数。

参数设置好以后，就可以训练了。正常训练过程会出现如图 3.39 所示的进度展示画面。同时，会在 runs\train-cls 目录生成 exp?（?代表数字，如运行 5 次，?就是 5）。

```
Model summary: 149 layers, 4177604 gradients, 10.5 GRLOPs
optimizer: Adam(lr=0.001) with parameter groups 32 weight(decay=0.0), 33 weight(decay=5e-05), 33 bias
Image sizes 224 train, 224 test
Using 7 dataloader workers
Logging results to F:\PythonProj\myyolov5\runs\train-cls\exp14
Starting F:\PythonProj\myyolov5\weights\yolov5s-cls.pt training on F:\PythonProj\myyolov5\myproject\RiceleafDisease_c

    Epoch    GPU_mem   train_loss   test_loss   top1_acc    top5_acc
     1/10        0G         1.42                              :   1%|        |1/89 [00:10<14:58, 10.21s/it]
```

图 3.39　分类训练过程中的进度展示

在 runs\train-cls\exp? 目录中，还包含各种训练过程中的信息。最终结果存放在 runs\train-cls\exp?\weights 文件夹中，分别是 best.pt 和 last.pt 两个文件，其中 best.pt 表示训练误差最小对应的权重文件，一般将 best.pt 作为最终训练好的权重文件。

4. 分类模型测试

训练完成以后，打开 classify\predict.py 文件，修改 weights 参数的路径，改为上述训练好的权重文件 best.pt 的路径，并设置 source 参数的路径为待测试的图像的路径，即可测试分类模型，如图 3.40 所示。

```
parser = argparse.ArgumentParser()    设置为best.pt的路径
parser.add_argument('--weights', nargs='+', type=str, default=ROOT / 'best.pt', help='model path(s)')
parser.add_argument('--source', type=str, default=ROOT / 'data/images', help='file/dir/URL/glob/screen/
```

图 3.40　在 predict.py 文件中修改 weights 参数的路径

运行成功后，会在 runs\predict-cls\exp? 目录中保存测试结果，如图 3.41 所示。分类结果会显示在图像的左上角，具体信息包括：分类为某一个类别的概率，以及类别名称。至此，本实践任务的主要技术实操就介绍完了。

图 3.41　测试图像分类结果

3.2.6　拓展阅读：中国历史上的蝗灾与古人治蝗

蝗灾是一种世界性的生物灾害，在农业出现以后就有了。在人类历史上，现在可以看到的最早关于蝗灾的记录是公元前 2400 年古埃及墓室中的一幅壁画。早期蝗灾的文字记载在古埃及、希伯来、古希腊和中国都有。

1. 中国历史上的蝗灾

中国历史上的蝗灾，早在春秋时期就有记载。根据昆虫学家郭郛的统计，从春秋时期到1949年的2 000余年里，中国蝗灾年有800多个，每5~7年就有一次大范围的爆发。由于每个朝代蝗灾史料保存的不均等，越往前越简略，实际的灾况应该更多。以明代为例，在万历皇帝当政期间，全国发生了蝗虫灾害，史称"万历大蝗灾"，具体发生在公元1570—1580年。当时，蝗虫大量繁殖，袭击了全国各地的农田，导致了大面积的粮食短缺和饥荒，许多地方的居民只能靠吃野草和树皮为生，甚至有人因为饥饿而相互残杀。再以清代为例，在268年间，没有蝗灾记录的年份只有14年，共有3 700余县次的蝗灾。有蝗之地最北至黑龙江省，最南达海南省崖州地区，最西至新疆疏勒府地区。重灾区是在河北、河南、山东、安徽、江苏、山西等省。清代的特大蝗灾最严重的是咸丰年间的蝗灾，著名的历史学家李文海将此灾列为"中国近代十大蝗荒"之一。咸丰在位11年，年年有蝗灾。跟以往不同的是，此次蝗灾最先由广西而不是以传统的黄淮老蝗区开始。从咸丰二年（1852年）起，广西频传蝗灾，随后蝗灾继续蔓延，1856—1858年灾况最烈，危害到广东、江西、湖南等省，就连西藏地区也是以蝗虫为患，同时北方也深受其害。从《清实录》的记载可见当时的惨状："飞蔽天日，塞窗堆户，室无隙地""蝗食苗殆尽，人有拥死者"。清代中后期南方大蝗灾变得频繁，这与当时对南方地区的不合理开发，以及治蝗不力大有关联，滥砍滥伐、垦山、围湖等行为给蝗虫的生存提供了条件，而战争和官员怠政对蝗灾的爆发又起着推波助澜的作用。

进入民国后，政局动荡，兵火连天，我国又经历了3次蝗灾高发期：1927—1931年、1933—1936年、1942—1946年，每次持续3~4年。其中，1933年蝗灾异常剧烈，当时全国12省发生蝗灾，重灾区为江苏、安徽、湖南、河南、河北、浙江、山东、陕西、山西9省。20世纪40年代，河南、陕西、山西、湖北的蝗灾蔓延，1943—1945年出现大蝗灾，为历史罕见。1949年后，我国通过多方生态治理，蝗灾发生面积从20世纪50年代初的400多万公顷减少到20世纪70年代末的100多万公顷。进入21世纪后，东亚飞蝗孳生地由近8 000万亩下降到目前的2 200万亩，发生密度持续控制在较低水平，近30年来未出现大规模危害。现在我国的蝗灾治理很有成效，通过"3S"技术进行监测，即遥感技术（Remote Sensing，RS）子系统、地理信息系统（Geographic Information System，GIS）子系统、全球定位系统（Global Positioning System，GPS）子系统，以及采用系列新式生物药剂的绿色治蝗技术，初步实现了"飞蝗不起飞成灾、土蝗不扩散危害、入境蝗虫不二次迁飞"的局面。

2. 古人如何治蝗

中国是历史上发生蝗灾最多的国家，中国古人是如何应对蝗灾的呢？我国古人对蝗灾已经有了一个基本的认知，知道何时易起蝗灾、何地蝗灾更加频繁，徐光启曾经对此有详细说明。

徐光启根据研究认为，蝗灾发生"最盛于夏秋之间，与百谷长养成熟之时正相值，故为害最广"，又通过对元朝百年之间蝗灾发生地点的分析，得出"幽涿以南，长淮以北，青兖以西，梁宋以东，都郡之地，湖巢社衍，旱溢无常，谓之涸泽，蝗则生之"的结论，首次划出了中国蝗虫宜蝗区范围，并提出了"涸泽者，蝗之原本也，欲除蝗，图之此在矣"改造蝗区的根本治蝗意见。有了理论的支撑，接下来就是方法论了，古人最常用的灭蝗方法有以下4种。

(1) 祈求神灵。古人认为蝗灾来自天意，受灾地区的人应该仔细反思自己是否有行为不当之处，然后跪在地上向神灵祈祷，万不可捕杀神虫，以免更加惹怒上苍。

(2) 立法除蝗。除蝗法最早出现在宋代，宋代对除蝗的立法非常明确。该法明文规定，蝗虫来时，有人知情不报，则杖一百；有人来报，若地方官置之不理或不亲临灭除，以及扑除未尽者，罪加二等。蝗虫落入官地产卵，当募集人手，挖掘蝗蝻；若挖掘不尽，致次年蝗灾，当杖一百；落入私地的蝗蝻，也应扑掘，如果再次生发，相关人等皆各杖一百。立法除蝗在当时是十分有效的。

(3) 智力除蝗。古人是聪明的，在各个领域都曾创造过奇迹，在除蝗方面也有很多聪明的方法。例如，捉放法：先捉后放，将捉来的蝗虫"温柔对待"，既不去头，也不把它的翅膀给折断，而是通过刺它的身体让它染上痘毒，痘毒具有传染性，让它带着痘毒回到自己的种群，这种方法可谓事半而功倍。又如，捕蝗法：捕蝗的队伍以十人为一队，二人持锹挖长壕丈余长，三四尺深，浮土堆在对面，四人在后，二人在旁，齐用长帚轰入沟中。二人在六人之后，用长柄皮掌，将轰不净者扑毙，这种方法既能消灭大量的蝗虫，又能用捕来的蝗虫产生一定的经济效益，变废为宝，这不失为去蝗的一种好方法。

(4) 生物除治。古人利用家禽、飞鸟来除蝗，最成功的是养鸭治蝗法。古代向来有驱鸭食虫的做法，明代福建人陈经纶发现鹭鸟啄食蝗虫的特性，想到利用家鸭替代。到清乾隆时期，其五世孙陈九振在安徽芜湖做官遇蝗灾，推广民间畜鸭治蝗，这一方法得以规模化运用。"蝻未能飞时，鸭能食之。如置鸭数百于田中，顷刻可尽，亦江南捕蝻之一法也"（清·顾彦《治蝗全法》）。养鸭食蝗在清代乃至民国都是很实用的方法，尤其在水乡得到重视，民国时期，甚至将养鸭治蝗法纳入地方治蝗办法中，布告百姓执行。此外，百姓也会制作一些扑打工具和网兜来捕捉飞蝗，或者利用植物性毒汁灭蝗卵等。

总体上看，传统的除蝗是比较费时费力的，治蝗效率并没有质的提高。古代社会要应对数量庞大的蝗虫，最有效的方法是行动一致的人海战术。

名人链接

• **蒲蛰龙（1912—1997年）**：广西钦州人。1935年毕业于中山大学农学院，同年考进燕京大学研究院生物学部，师从著名昆虫学家胡经甫教授。1937年回中山大学任教，历任讲师、副教授、教授。1946年赴美国明尼苏达大学攻读博士学位，兼做科学研究工作，1949年10月获哲学博士学位。中华人民共和国成立之初，他放弃美国优越、舒适的条件，偕夫人回国工作，先后在中山大学农学院、华南农学院、中山大学生物系、昆虫学研究所从事教学和科研工作。历任广东省农业实验场场长，华南农学院教授，中国科学院中南昆虫研究所所长，中山大学教授、副校长、顾问，中山大学昆虫学研究所所长，中山大学生命科学学院院长，被誉为中国害虫生物防治奠基人。1980年11月当选为中国科学院院士。

他在20世纪50年代末便开始研究和利用赤眼蜂防治甘蔗螟虫，取得巨大的成功，并在生产实践中广泛应用，为中国生物防治事业作出了开创性贡献。1962年，他创立中山大学昆虫生态研究室，在此基础上，于1978年创建立中山大学昆虫学研究所，并于1995年建立生物防治国家重点实验室。20世纪60年代起，他应用平腹小蜂防治荔枝蝽象及在湘西黔阳地区进行柞蚕放养等科学实验，并对危害粮、棉、蔬菜的斜纹夜蛾的核多角体开展系统研究。20世纪80年代，他与合作者首次发现赤眼蜂的3类病源，为世界各国应用赤眼蜂治虫方面提供有益参考。他先后在国内外学术刊物发表学术论文近200篇、出版专著6部，获得国内外学术界的高度评价。研究成果获得多项国家级和省、部级奖励，并于1980年获美国明尼苏达大学最高荣誉奖"优秀成就奖"。

● **姚崇(公元650—721年)**：本名元崇，字元之。陕州硖石(今河南省陕州区)人。唐朝名相、著名政治家，曾任三朝宰相。开元四年(716年)，山东地区发生蝗灾。百姓只知祭拜，却不敢捕杀蝗虫，任由蝗虫嚼食禾苗。姚崇上奏道："蝗虫怕人，容易驱除。田地都有主人，让他们救护自己的庄稼，一定会很卖力。夜间焚火，在旁挖坑，边烧边埋，蝗虫才能灭尽。古代有除蝗而没能灭尽的，只是因为没有尽力。"于是派出御史为捕蝗使，督促各地灭蝗。当时，朝议鼎沸，都认为蝗虫不宜捕杀，唐玄宗犹豫不定。姚崇进言道："庸儒拘泥不化，不知变通。事物的发展常有违反经典而切合潮流的，也有违反潮流而合乎权宜的。古时曾有蝗灾，只因不肯捕杀，以致发生饥荒，百姓相食。如今飞蝗遍地，反复繁殖，河南河北家无宿粮，若无收获，则百姓流离，关乎国家安危。灭蝗即使不能尽灭，也比留下来形成灾患为好！"

在姚崇的坚持下，蝗灾的危害被减少到最低限度，"由是连岁蝗灾，不至大饥""蝗因此亦渐止息"，从而为开元盛世的到来奠定了基础。

思考题

(1)列举几种常见的农作物病害和虫害，分别描述它们对农作物的危害是什么。

(2)在农业生产中，农作物病虫害可能引发哪些经济和环境问题？如何预防和减轻这些问题的发生？

(3)水稻有哪些常见的虫害？请介绍其中一种虫害并描述其特征。

(4)计算机视觉技术如何在农业领域中应用于虫害的自动分类？这种技术的原理是什么？

(5)基于计算机视觉技术的虫害识别系统是如何训练的？它需要哪些数据和步骤？

(6)从历史的角度出发，你认为古人的治蝗经验是否对今天的农业防灾有所启示？请阐述你的观点。

第四章 基于机器人技术的劳动实践

4.1 做智能时代的园丁

学习目标

(1) 了解我国灌溉技术的历史沿革；
(2) 通过实践，感受园艺工人劳动的辛苦与不易；
(3) 通过实践，感受智能劳动的价值和意义；
(4) 学习基于STM32的机器人技术。

中国是世界上最早实施灌溉农业的国家之一，灌溉技术为中国农业生产的繁荣和社会的稳定作出了巨大贡献。本节将探讨我国灌溉技术的历史沿革以及现代技术的应用。在这个过程中，了解技术的演进，体会园艺工人劳动的辛苦与不易，以及智能劳动的价值和意义。同时，本节还将介绍基于STM32的机器人技术，这个领域在今天的科技发展中扮演着重要的角色。通过本节的学习，我们将开启一扇窗户，展望技术与劳动的融合，以及未来科技的前景。

4.1.1 课程导入：智能灌溉系统

在如今的农业生产中，灌溉是一项关键的工作。传统的灌溉方法往往存在着浪费水资源、劳动力成本高、生产效率低等问题，为了解决这些问题，智能灌溉系统应运而生。它能够根据作物的需求和环境条件智能化地控制灌溉水量，从而提高作物的产量和质量。智能灌溉系统的工作原理涵盖传感器、控制器、计算机程序等方面的内容。

1. 传感器

传感器能够测量土壤水分、气象数据和作物生长状况等数据。其中，土壤水分传感器是常用的一种传感器，它能够测量土壤的水分含量和温度，这些数据将会被发送到控制器，以便进行灌溉决策。

2. 控制器

控制器是一个微型计算机，能够接收传感器测量的数据，并将这些采集数据传输给计算机程序。控制器通常安装在田间的一个集控箱中，它可以与传感器和灌溉系统连接。控制器还可以与计算机程序进行信息交换，以实现自动化管理。

3. 计算机程序

当传感器测量到土壤水分不足时，控制器将启动灌溉装置，并将制订的灌溉计划发送到灌溉装置。这些计划可以包括灌溉时间、灌溉量和喷头方向等信息。一旦计划制订完成，灌溉装置将按计划进行灌溉，并且灌溉的过程将被记录下来，以便后续的监测。

需要注意的是，智能灌溉系统的工作原理不是一成不变的。不同的智能灌溉系统可能采用不同的传感器、控制器和计算机程序，也可能根据不同的环境和作物需求进行适当的调整。因此，对于不同的智能灌溉系统，其工作原理也会有所不同。

总的来说，智能灌溉系统的工作原理是通过传感器、控制器和计算机程序的协同工作，精确测量和计算作物的水分需求，制订灌溉计划，并控制灌溉系统进行适当的灌溉。这项技术的应用可以提高农业生产效率，同时也有助于保护环境和节约水资源。

4.1.2 劳动实践任务

1. 课时要求

建议5周内完成，课内12课时+课外18课时。

2. 任务要求

（1）在校园内体验植物浇水，感受园艺工人劳动的辛苦与不易，思考如何运用所学专业知识，设计一个智能灌溉系统，减轻劳动强度，提高劳动效率。

（2）通过调研分析、查阅文献等方式，提出一种可行的智能灌溉系统的设计方案，同时进行器件选型、硬件设计、软件设计等工作完成智能灌溉系统的实验模型。

3. 实践步骤

（1）劳动体验。校园内体验植物浇水，思考智能灌溉系统设计的要素与功能。

（2）调研分析。通过查阅文献、实地调研等方式了解灌溉系统的现状。

（3）方案设计。在劳动体验和调研分析的基础上，每3人一组提出一种可行的智能灌溉系统设计方案。

（4）硬件设计。根据设计方案，进行器件、模块选型，完成硬件电路设计。

（5）软件设计。在设计的硬件电路上完成嵌入式软件设计，实现智能灌溉系统功能。

（6）系统测试。对设计实现的智能灌溉系统进行功能测试并完善。

（7）演示答辩。演示作品、介绍设计方案、写心得体会等。

4.1.3 优秀作品展示：基于 STM32 的智能灌溉系统

基于 STM32 的智能灌溉系统（以下简称系统）包括主控模块、按键模块、显示模块、水泵模块、报警模块、温湿度模块和蓝牙模块等，主要以 STM32 作为核心处理器，采用温湿度传感器对土壤温湿度数据进行采集。STM32 结合设定条件，控制水泵是否进行灌溉、是否启动警报等，同时可将数据通过蓝牙进行无线远程数据传输。该系统具有测量精度较高、硬件电路简单、交互性较好等特点。作品实物如图 4.1 所示。

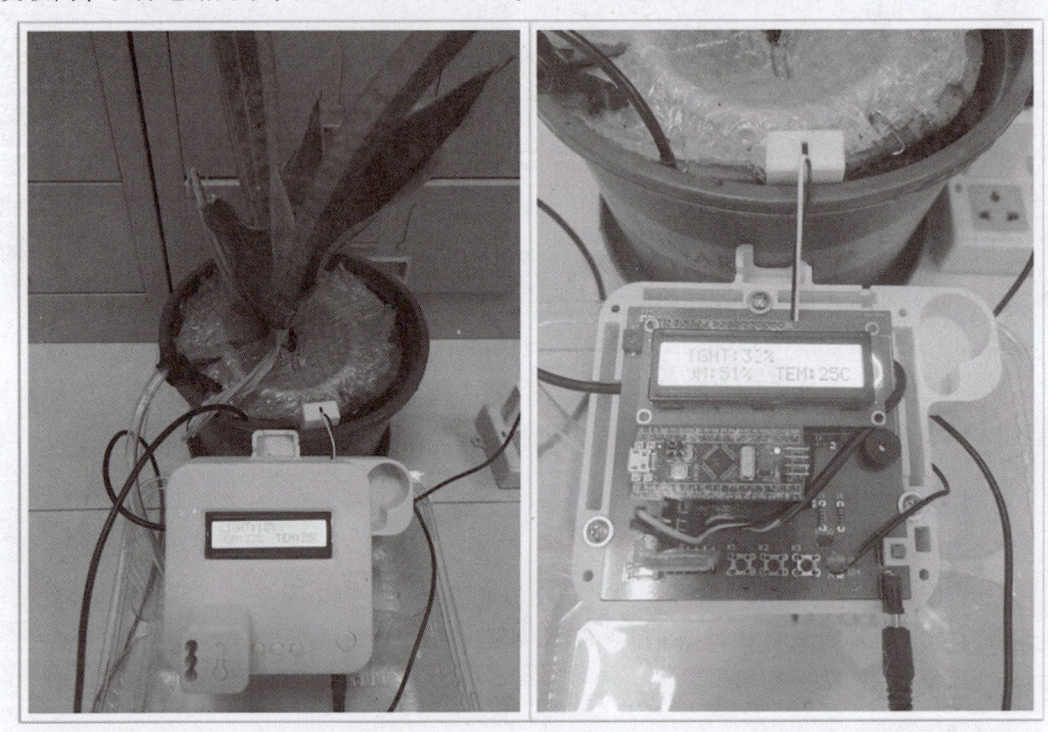

图 4.1　作品实物

4.1.4 作品研发的技术路线

1. 需求分析

在劳动体验和调研分析的基础上，对系统进行需求分析。水是宝贵的资源，农业灌溉、园林绿化等都需要大量的水，采用智能灌溉方案，系统能够自动感知土壤温湿度，对水需求进行精准调节，以实现节约用水。同时，系统应该考虑植物生长习性，保证灌溉对象的生长质量。

2. 方案设计

根据需求分析，系统应该具有土壤温湿度实时检测、水泵灌溉、阈值设定、参数显示、超限报警、远端传输等功能。系统的总体框架如图 4.2 所示。

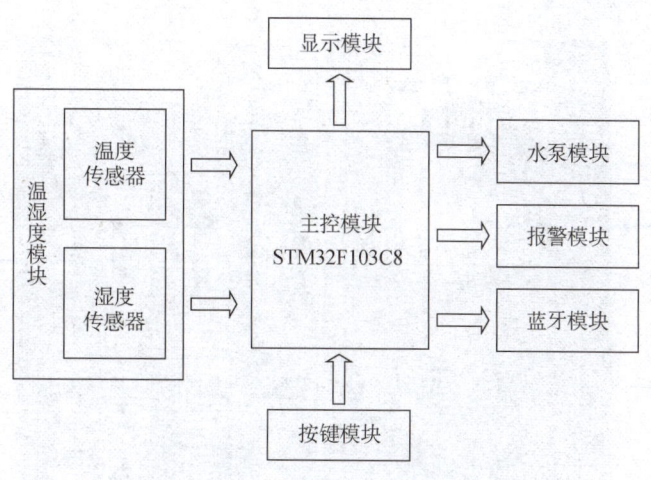

图 4.2　系统的总体框架

主控模块是整个系统的核心，协调控制各个模块间的工作，负责温湿度传感器的数据读取、阈值设定、参数显示、水泵驱动、警报控制和无线数据传输等；温湿度模块中，温度传感器负责测量土壤的温度值，湿度传感器负责测量土壤的湿度值；按键模块负责阈值参数的设定等；显示模块负责实时显示温湿度值、参数设定交互等；水泵模块负责驱动水泵电机；报警模块负责参数超限的报警提醒；蓝牙模块负责系统参数传输至上位系统，便于远程监视与控制。

3. 模块选型

1）主控模块选型

根据设计方案，系统需要一款嵌入式处理器，进行信号采集、数据计算与逻辑控制等。STM32 系列处理器是目前市场上主流的单片机，也是高校单片机课程的主流对象，较传统 51 单片机来说，资源更丰富、处理更快速、开发更便捷。其中，STM32F1 系列使用高性能的 ARM Cortex-M3 32 位的 RISC 内核，工作频率为 72 MHz，内置高速存储器，高达 1 024 KB 的闪存和 96 KB 的静态随机存储器(Static Random Access Memory，SRAM)，丰富的 I/O 资源和连接到 2 条高级外围总线(Advanced Peripheral Bus，APB)的外设。所有型号的器件都包含 2 个 12 位的模数转换器(Analog to Digital Cenverter，ADC)、3 个通用 16 位定时器和 1 个脉冲宽度调制定时器(Pulse Width Modulation，PWM)，同时包括集成电路总线(Inter-Integrated Circuit，I2C)、串行外设接口(Serial Peripheral Interface，SPI)、通用同步/异步收发传输器(Universal Synchronous/Asynchronous Receiver/Transmitter，USART)、通用串行总线(Universal Serial Bus，USB)、控制器区域网络(Controller Area Network，CAN)等资源。因此，STM32F1 系列完全可以满足本系统的设计要求，并且选用引脚和资源相对较少的 STM32F103C8 即可。同时，要让 STM32 处理器能正常工作，需要增加 3.3 V 电源、振荡电路、复位电路、BOOT 模式选择电路等，这是单片机的最小系统。图 4.3 是 STM32F103C8 最小系统模块实物图。

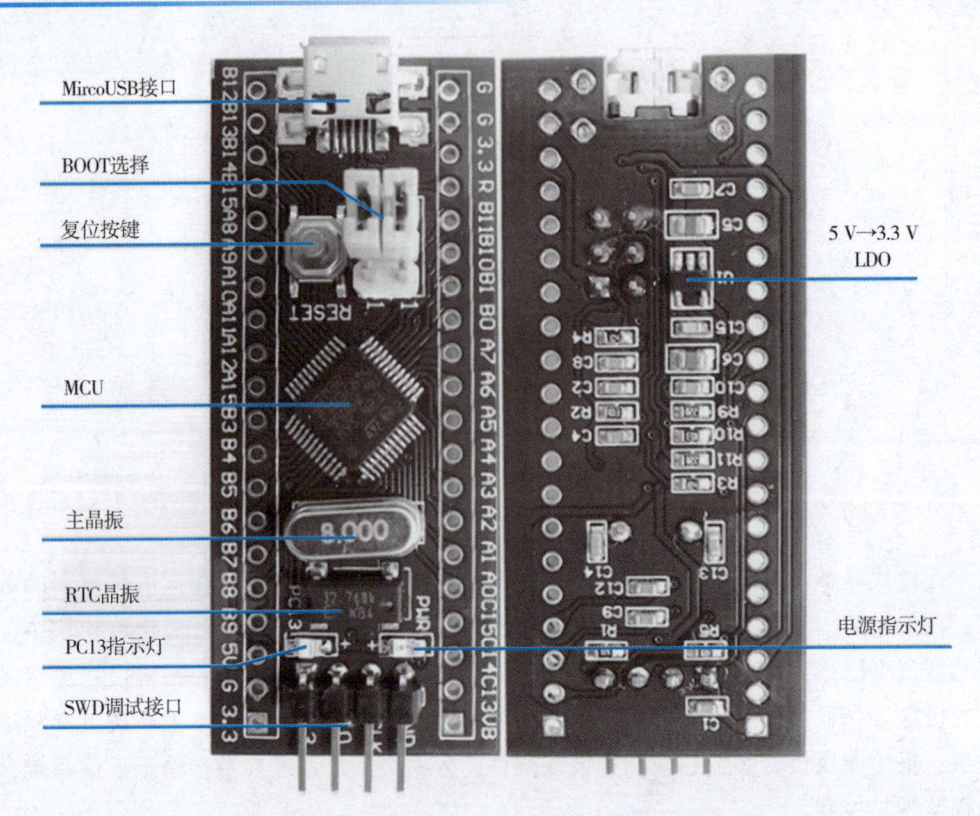

图 4.3 　STM32F103C8 最小系统模块实物

MicroUSB 接口用于最小系统供电，提供 DC 5 V 电源，通过线性稳压器(Low Drop Out，LDO)转换成 DC 3.3 V 芯片所需电压；BOOT 用于选择芯片的启动方式，有用户 SRAM、用户闪存和系统存储器等启动模式；复位按键用于控制系统程序工作时是否进行强制复位；主晶振采用 8 MHz 的无源晶振，给 STM32 芯片提供基础工作频率；RTC 晶振为 32.768 kHz，给 STM32 内置 RTC 时钟提供基准频率；串行线调试(Serial Wire Debug，SWD)接口用于程序下载与调试。

2) 显示模块选型

根据设计方案，系统需要有一个显示模块，进行参数显示、设置等。目前市场上的显示器件主要有数码管、液晶显示器(Liquid Crystal Display，LCD)等，其中数码管显示的内容比较单一，只能显示简单的数字值，且控制方式较为复杂；而 LCD 显示的内容更加丰富，可以显示数字、字符、汉字和图形等。因此，系统考虑采用 LCD，而 LCD 又分为薄膜晶体管(Thin Film Transistor，TFT)、有机发光二极管(Organic Light Emitting Diode，OLED)、超精细边框(Ultra-Fine Bezel，UFB)、薄膜二极管(Thin Film Diode，TFD)、超扭曲向列(Super Twisted Nematic，STN)等类型，考虑本系统要显示的内容不多，同时考虑成本因素，决定选用 LCM1602，这是一款字符型 LCD。图 4.4 是 LCM1602 实物。

图 4.4　LCM1602 实物

LCM1602 已将显示板、驱动器、随机存储器（Random Access Memory，RAM）、只读存储器（Read-Only Memory，ROM）用印制电路板（Printed-Circuit Board，PCB）连接到一起，预留出控制端口的模块，其内部结构如图 4.5 所示。

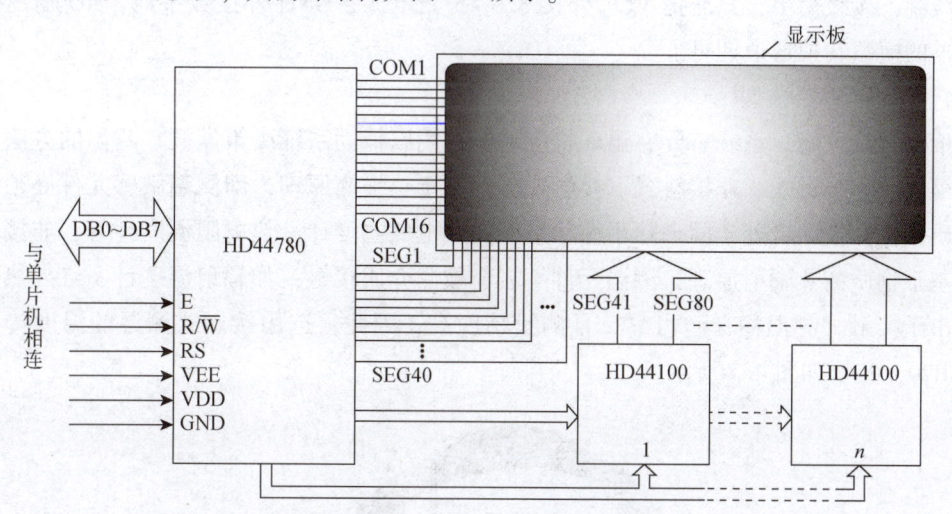

图 4.5　LCM1602 内部结构

LCM1602 内部具有字符 ROM，即字符库，可显示 192 个 5×7 点阵字符；有 64 字节的自定义字符 RAM，用户可自行定义 8 个 5×7 点阵字符；有 80 字节的数据显示 RAM。

3）湿度传感器选型

湿度传感器是整个系统的关键传感器，实时监测土壤的温度，作为处理器用以判断土壤是否干燥、是否需要浇水等。该传感器一般由两个金属片组成，一个是感知器，另一个是基准电极，其基于电容测量的原理工作，当环境湿度变化时，感知器和基准电极之间的电容就会随之发生变化，通过调理电路将电容变化放大，转换成相应的电压变化，以供处理器采集处理。基于成本、精度等因素考虑，决定选用 YL-69 湿度传感器，实物如图 4.6 所示。

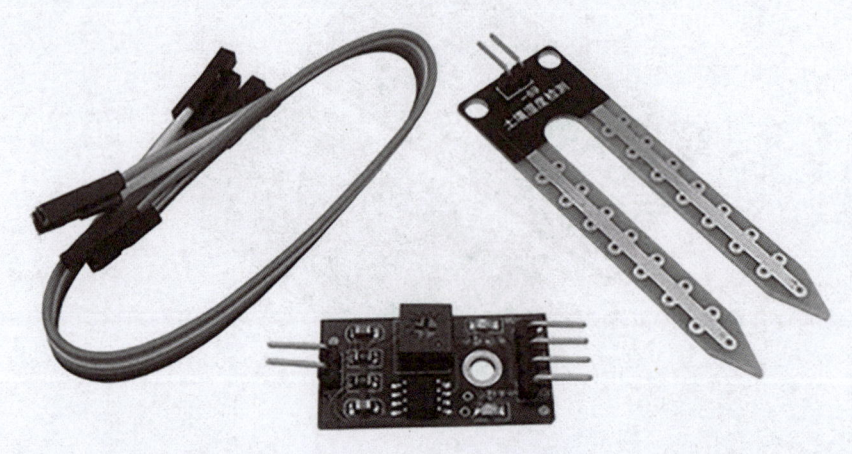

图 4.6　YL-69 湿度传感器实物

YL-69 表面采用镀镍处理，有加宽的感应面积，可以提高导电性能，防止接触土壤后易生锈的问题，延长使用寿命；可以宽范围测量土壤的湿度，进行模数转换；调理模块采用三线制，接线简单，只需把 VCC 外接 3.3~5 V 电压，GND 外接数字地，AO 输出接到处理器的模数转换通道即可。

4）温度传感器选型

根据设计方案，系统需要有温度检测功能，用以辅助系统决策灌溉。测温的方法有很多，可以分为接触式、非接触式。接触式测温基于热平衡原理，即测温敏感元件必须与被测介质接触，使两者处于同一热平衡状态，如热电偶温度计、热电阻温度计等；非接触式测温基于物质的热辐射原理，测温元件不需与被测介质接触，如辐射温度计、红外热像仪等。由于接触式测温简单、可靠，且测量精度高，因此，选用接触式测温的温度传感器 DS18B20，实物如图 4.7 所示。

图 4.7　DS18B20 温度传感器实物

DS18B20 是一款应用单总线技术的数字温度传感器，主要技术特性如下。

（1）具有独特的单线接口方式，即微处理器与其连接时仅需占用 1 个 I/O 端口。

（2）支持多节点，使分布式多点测温系统的线路结构设计和硬件开销大为简化。

（3）测温时无需任何外部元件。

（4）可以通过数据线供电，具有超低功耗工作方式。

（5）测温范围为 −55～+125 ℃，测温精度为 ±0.5 ℃。

（6）温度转换精度 9～12 位可编程，能够直接将温度转换值以 16 位二进制数码的方式串行输出。12 位精度转换的最长时间为 750 ms。

因为它是数字输出，而且只占用 1 个 I/O 端口，所以特别适用于微处理器控制的各种温度测控系统，避免了模拟温度传感器与微处理器连接时需要的 A/D 转换和较复杂的外围电路。压缩了系统的体积，提高了系统的可靠性。

5）水泵模块选型

根据设计方案，系统需要有灌溉执行装置，由于本系统是一个演示性的系统，因此选用一个小型水泵进行抽水灌溉演示，实物如图 4.8 所示。

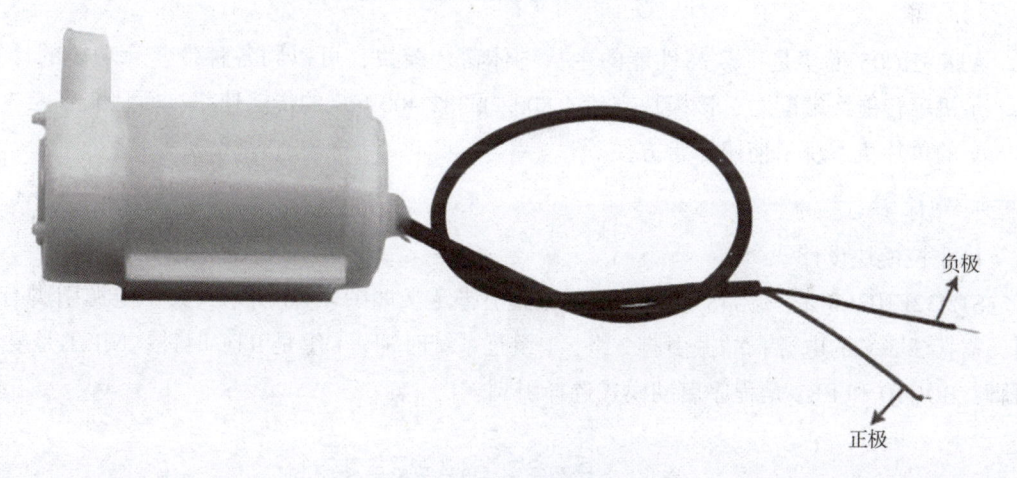

图 4.8　小型水泵实物

小型水泵是利用电机产生的负压，先把水管里的空气抽走，然后把水吸上来。小型水泵通常是直流供电，又称直流水泵。

6）蓝牙模块选型

根据设计方案，系统需要有无线传输功能，用以远程监测与控制，由于本系统是一个演示系统，实际传输距离并不是太远，因此采用蓝牙通信的方式。蓝牙是一种无线数据和语音通信开放的全球规范，它是基于低成本的近距离无线连接，为固定和移动设备建立通信环境的一种特殊的近距离无线技术连接。本系统选用的是 ATK-HC05 模块，实物如图 4.9 所示。

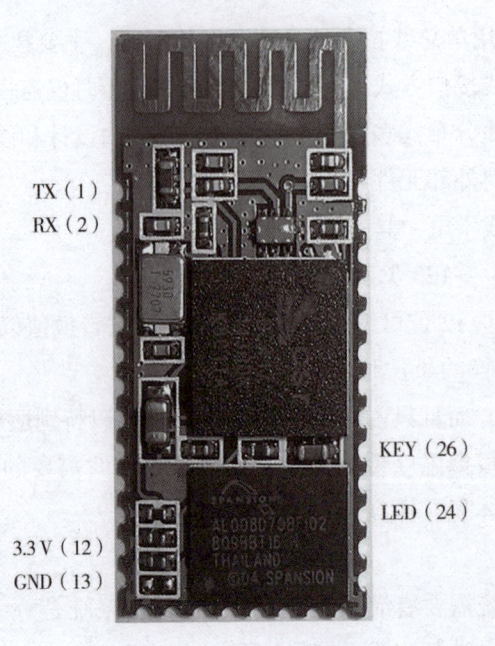

图 4.9　ATK-HC05 模块实物

ATK-HC05 模块是一款高性能的主从一体蓝牙模块，可以同各种带蓝牙功能的计算机、手机等智能终端配对，该模块支持 4 800~1 382 400 bps 的传输速率，而且兼容 3.3 V 和 5 V 的单片机系统，使用非常方便。

4. 电路设计

1）主控模块设计

STM32F103C8 是一款 48 脚的处理器，其引脚定义如图 4.10 所示，其中电源引脚有 4 组，需接 3.3 V 的电源；晶振引脚 2 组，1 组是系统时钟，1 组是 RTC 时钟；NRST 是复位引脚；BOOT0 和 PB2 是程序启动模式选择引脚。

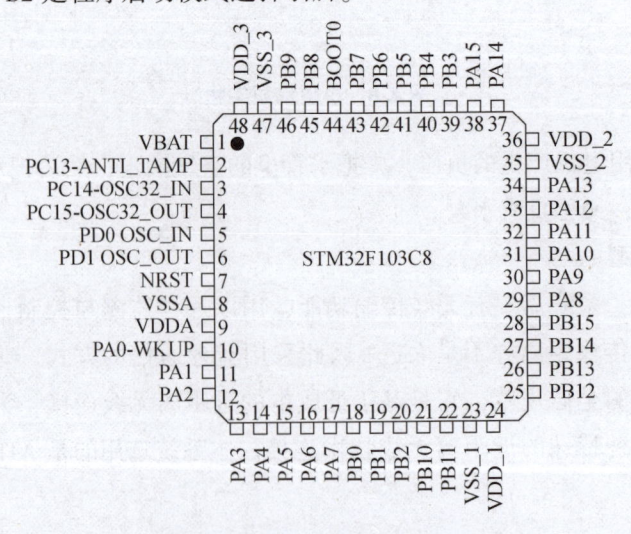

图 4.10　STM32F103C8 引脚定义

因此，STM32F103C8 需要有电源电路、复位电路、晶振电路、模式选择电路等配合才能正常工作，称之为最小系统。图 4.11 所示是最小系统电路。

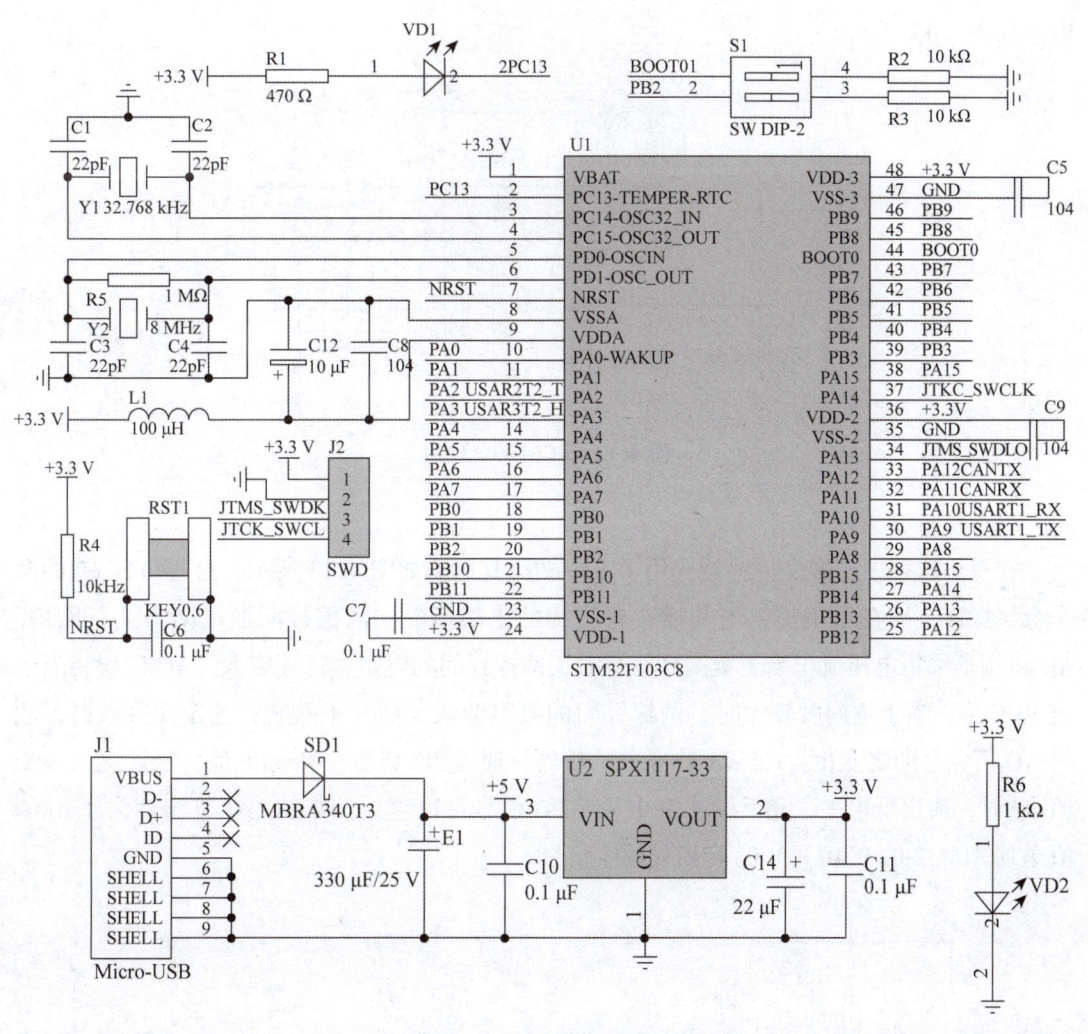

图 4.11　最小系统电路

2) 显示模块设计

在模块选型中，显示模块选用了 LCM1602，其引脚定义如下。

第 1 脚：GND 为电源地。第 2 脚：VCC 接+3.3 V 电源正。第 3 脚：V0 为液晶显示器对比度调整端，接正电源时对比度最弱，接地时对比度最高，对比度过高时会产生"鬼影"，使用时可以通过 1 个 10K 的电位器调整对比度。第 4 脚：RS 为寄存器选择，高电平时选择数据寄存器，低电平时选择指令寄存器。第 5 脚：R/W 为读写信号线，高电平时进行读操作，低电平时进行写操作。当 RS 和 R/W 共同为低电平时，可以写入指令或者显示地址；当 RS 为低电平、R/W 为高电平时可以读忙信号；当 RS 为高电平、R/W 为低电平时可以写入数据。第 6 脚：EN 端为使能端，当 EN 端由高电平变成低电平时，LCM1602

执行命令。第 7~14 脚：D0~D7 为 8 位双向数据线。第 15 脚：A 为背光源正极。第 16 脚：K 为背光源负极。根据引脚定义，LCD1602 第 4~14 脚需要连接 STM32 的 I/O 口，其电路如图 4.12 所示。

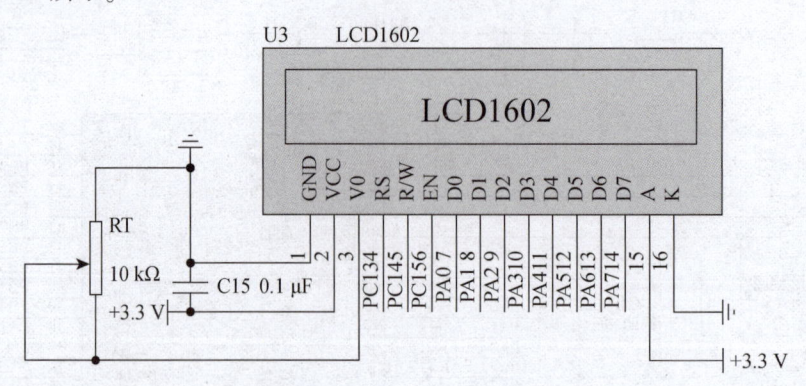

图 4.12　LCM1602 电路

3) 湿度传感器设计

在模块选型中，湿度传感器选用了 YL-69，其电路如图 4.13 所示。J4 是 YL-69 的两个金属探针，插在土壤里，当其插在较湿润的土壤里时，两探针间的电阻为几百欧姆。AO 口用来采集电压值，当土壤湿度较小时，两探针间的电阻接近无穷大，AO 值就相当于是 VCC 值；当土壤湿度较大时，两探针间的电阻会减少到几千欧姆，甚至几百欧姆，此时 AO 值也会随之变化。LM393 是一个比较器，通过 R9 设置一个标准值，当湿度大（AO 值小）时，输出低电平，相反输出高电平。DO 信号可以直接用来粗略估算湿度大小。AO 值送到 STM32 的 PB0（ADC0）转换成数字信号。

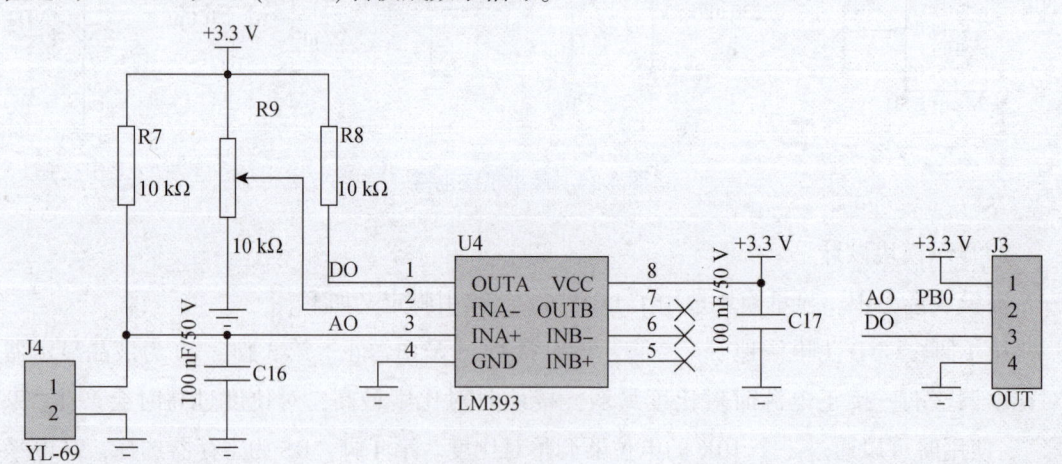

图 4.13　YL-69 电路

4) 温度传感器设计

在模块选型中，温度传感器选用了 DS18B20，因其输出数字信号，所以电路非常简单，只需要给它供 3.3 V 电，信号脚接到 STM32 的 PB5 脚即可，其电路如图 4.14 所示。

5）水泵驱动设计

在模块选型中，选用了一个小型水泵进行抽水灌溉演示，由于水泵是一个小型直流电机，其工作电流较大，无法用 STM32 的 I/O 口直接驱动，因此需要用三极管进行放大，其驱动电路如图 4.15 所示。

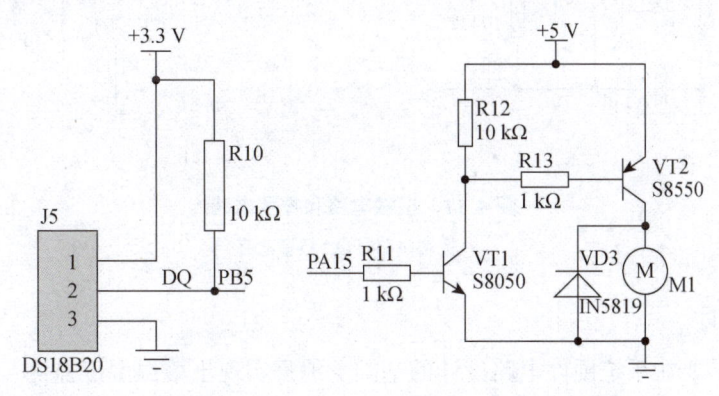

图 4.14　DS18B20 电路　　　图 4.15　水泵驱动电路

6）蓝牙模块设计

在模块选型中，选用了 ATK-HC05 模块，该模块有 USB、SPI、UART 等多种接口，本设计采用最简单的串口方式进行控制，其电路如图 4.16 所示。

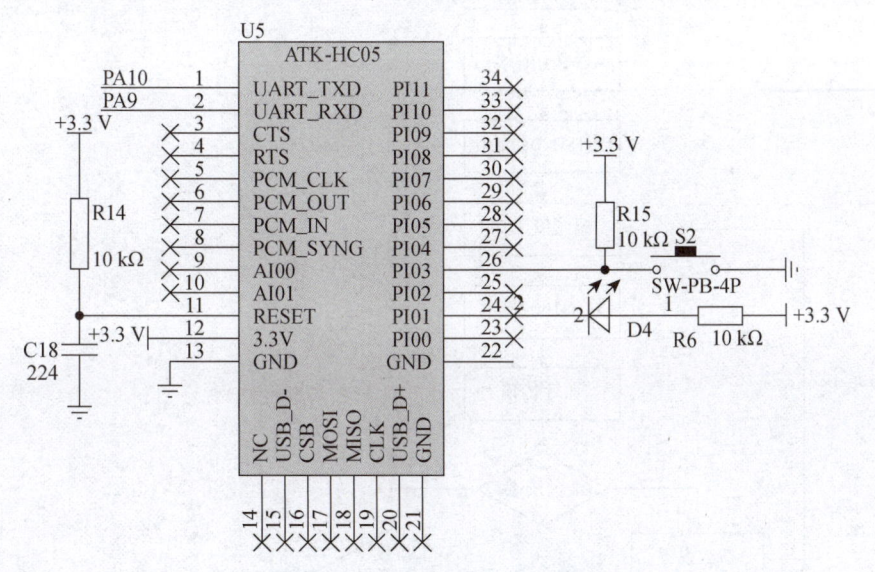

图 4.16　ATK-HC05 模块电路

7）其他设计

除了上述模块电路设计外，还有按键电路和报警电路，如图 4.17 所示。按键电路用于参数输入设定等；报警电路采用有源蜂鸣器进行参数超限报警等。

硬件电路设计好以后，首先进行 PCB 布线，其次进行 PCB 加工，最后进行 PCB 的焊接与调试，至此，系统的硬件电路设计完成。

（a）

（b）

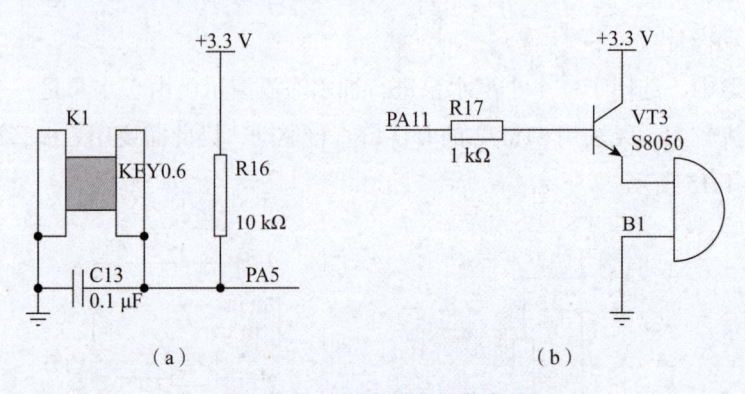

图 4.17　按键电路和报警电路

(a)按键电路；(b)报警电路

5. 软件设计

软件设计是要在系统硬件电路设计的基础上编程实现土壤温湿度监测、数据传输，且根据设定参数实现智能灌溉、报警等功能。整个系统的软件主流程如图 4.18 所示。

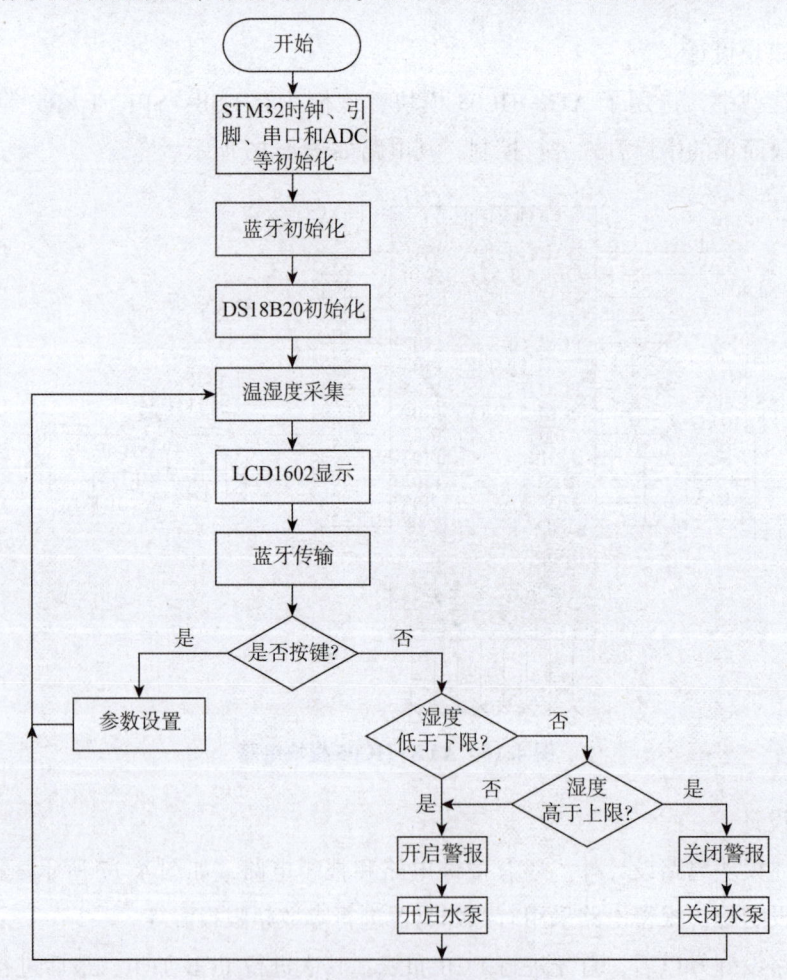

图 4.18　整个系统的软件主流程

系统上电后，STM32 处理器首先对系统时钟、各模块连接的 I/O 口、串口以及 ADC 等资源进行初始化设置；其次对蓝牙模块、DS18B20 等外设进行初始化；再次开始进行温湿度采集处理，并在 LCD 上实时显示；最后通过蓝牙上传。在此期间，检测是否有按键操作，若有操作，则进入参数设置界面，完成后返回；若无操作，则判断湿度值是否低于设定下限：若低于，则开启警报，同时水泵开始工作，进入初始化 DS18B20；若湿度正常，则判断温度是否高于上限。若是，则同样开启警报和水泵；若不是，则关闭水泵和警报后返回。

1）显示子程序设计

LCM1602 是一个完整的模块，可以接收、显示数据，控制指令等，通过 RS/RW 的状态来读忙、写指令、写数据等操作，其中 RS/RW 状态定义如表 4.1 所示。

表 4.1　RS/RW 状态定义

RS(PC13)	RW(PC14)	定义
0	0	写入指令寄存器(清空屏幕、开启显示等)
0	1	读忙(DB7)，DB7 是 1 表示忙
1	0	写入数据寄存器
1	1	读取数据寄存器

显示子程序流程如图 4.19 所示，要控制 LCD1602，首先要读取双向数据线端的最高位 D7，如果为高电平，则表示忙，不接受数据或指令，需要一直等待其空闲；其次 RS 选择指令寄存器，RW 选择写操作，通过 D0~D7 输入所需要写进的指令，通过 EN 下降沿写入指令；最后 RS 选择数据寄存器，RW 选择写操作，D0~D7 输入所需要写进的数据，通过 EN 下降沿写入数据。

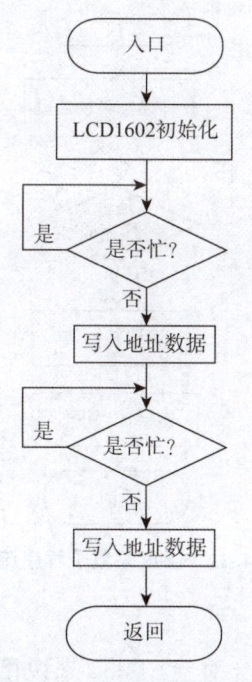

图 4.19　显示子程序流程

2)温度采集子程序设计

温度采集子程序流程如图 4.20 所示,DS18B20 采用的是 1-Wire 总线协议方式,即用一根数据线实现数据的双向传输,单线通信功能是分时完成的,有严格的时序要求。

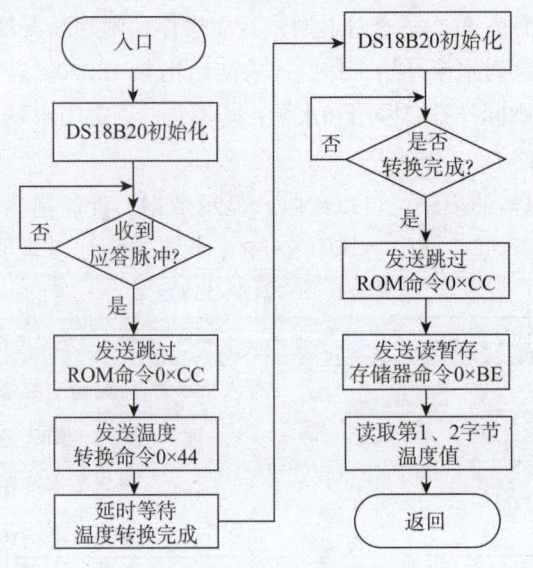

图 4.20 温度采集子程序流程

3)湿度采集子程序设计

湿度传感器信号是一个模拟值,需要用到 ADC,而 STM32 本身自带 12 位的 ADC,可以满足系统的需求。湿度采集子程序流程如图 4.21 所示。

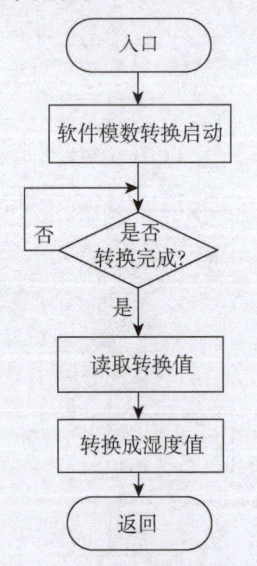

图 4.21 湿度采集子程序流程

4)蓝牙传输子程序设计

蓝牙模块是一个数据透传模块,对于 STM32 来说相当于串口通信,主要包括初始化、建立连接、数据传输等过程,其流程如图 4.22 所示。

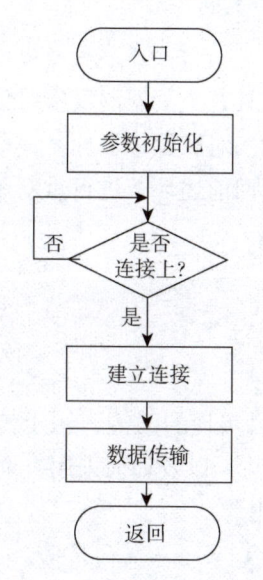

图 4.22 蓝牙通信子程序流程

5)按键设置子程序设计

系统需要进行温湿度阈值设置,用于是否启动报警与水泵的判断条件,此过程需要采用按键、LCD 等进行人机交互,其流程如图 4.23 所示。

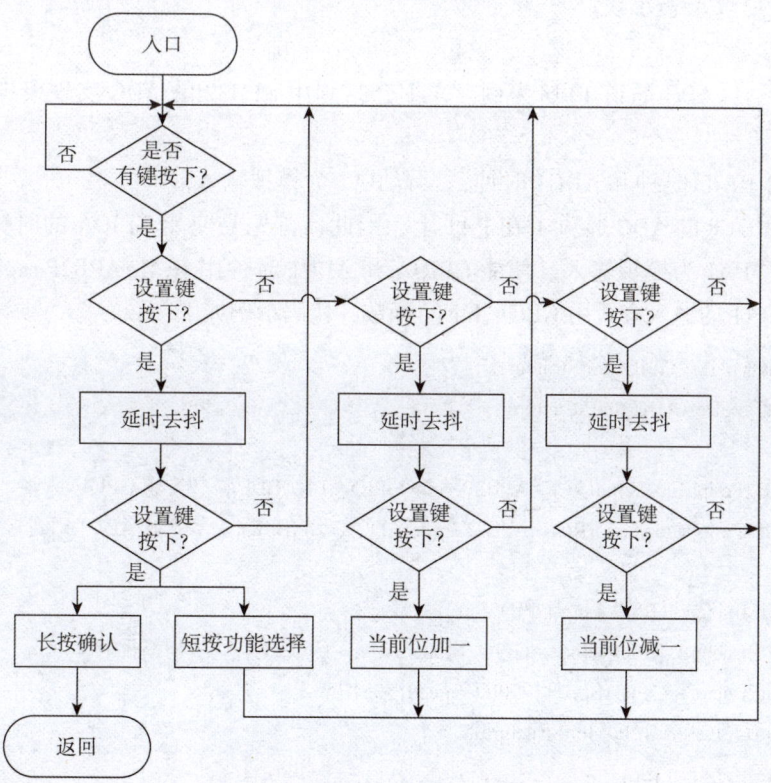

图 4.23 按键设置子程序流程

6. 系统调试

根据系统设计方案，系统应该具有土壤温湿度实时检测、水泵灌溉、阈值设定、参数显示、超限报警、远端传输等功能。对照设计目标，一一测试设计的系统功能是否已达到要求，若存在问题或者缺陷，则返回前述环节进行重新调整，直到完成设计目标。

4.1.5 关键技术与实操

1. 基于 STM32 的 ADC 实现

1）实现内容

STM32 的 ADC 采样是整个项目实现的关键，用于传感器模拟信号的采集。本小节主要介绍 STM32 的 ADC 资源控制方法，以及如何采用查询、直接存储器访问（Direct Memory Access，DMA）等方式进行数据采集。

2）实现技术与条件

在进行实操前，请进行下列准备。

（1）PC 或笔记本计算机 1 台。

（2）Keil uVision5 软件。

（3）ST-LINK 或 J-LINK 或 ULINK 下载器 1 个。

（4）STM32 实验板 1 块。

3）实现步骤

下面以 PA1（ADC 通道 1）口为例，详细介绍利用 STM32 的 ADC 实现模拟信号采集的步骤。

（1）开启 PA 口时钟和 ADC1 时钟，设置 PA1 为模拟输入。

STM32F103C8 的 ADC 通道 1 在 PA1 上，因此，首先要使能 GPIOA 的时钟和 ADC1 时钟，然后设置 PA1 为模拟输入。使能 GPIOA 和 ADC1 时钟用 RCC_APB2PeriphClockCmd( ) 函数，设置 PA1 的输入方式用 GPIO_Init( ) 函数，代码示例如下：

```
GPIO_InitTypeDef GPIO_InitStructure;
ADC_InitTypeDef ADC_InitStructure;

RCC_APB2PeriphClockcmd(RCC_APB2Periph_GPIOA,ENABLE);    //使能 GPIOA 时钟
RCC_APB2PeriphClockcmd(RCC_APB2Periph_ADC1,ENABLE);     //使能 ADC1 通道时钟

GPIO_InitStructure.GPIO_Pin=GPIO_Pin_1;
GPIO_InitStructure.GPIO_Mode=GPIO_Mode_AIN;             //模拟输入
GPIO_InitStructure.GPIO_Speed=GPIO_Speed_50MHz;
GPIO_Init(GPIOA,&GPIO_InitStructure);
```

（2）复位 ADC1，同时设置 ADC1 分频因子。

开启 ADC1 时钟后，可以通过 RCC_CFGR 设置 ADC1 的分频因子，分频因子要确保 ADC1 时钟（ADCCLK）不超过 14 MHz。本任务设置分频因子为 6，时钟为 72/6 MHz = 12 MHz，

函数为 RCC_ADCCLKConfig(RCC_PCLK2_Div6)。之后要复位 ADC1，将 ADC1 的全部寄存器重设为缺省值，其函数为 ADC_DeInit(ADC1)。

(3) 初始化 ADC1 参数。

在设置完分频因子之后，就可以开始 ADC1 的模式配置了，设置单次转换模式、触发方式选择、数据对齐方式等都在这一步实现。同时，还要设置 ADC1 规则序列的相关信息，这里只有 1 个通道，并且是单次转换的，所以设置规则序列中的通道数为 1。这些在库函数中是通过函数 ADC_Init( )实现的，代码示例如下：

```
ADC_InitStructure. ADC_Mode=ADC_Mode_Independent;
//ADC 工作模式;ADC1 和 ADC2 工作在独立模式
ADC_InitStructure. ADC_ScanConvMode=ENABLE;          //模数转换工作在扫描模式
ADC_InitStructure. ADC_ContinuousConvMode=ENABLE;    //模数转换工作在连续转换模式
ADC_InitStructure. ADC_ExternalTrigConv=ADC_ExternalTrigConv_None;
//外部触发转换关闭
ADC_InitStructure. ADC_DataAlign=ADC_DataAlign_Right; //ADC 数据右对齐
ADC_InitStructure. ADC_NbrofChannel=1;               //顺序进行规则转换的 ADC 通道的数目
ADC_Init(ADC1,&ADC_InitStructure);
//根据 ADC_Initstruct 中指定的参数初始化外设 ADCX 的寄存器
```

(4) 使能 ADC 并校准。

在设置完以上信息后，就使能 ADC，执行复位和校准，并分别等待复位和校准结束，代码示例如下：

```
ADC_Cmd(ADC1,ENABLE);                        //使能指定的 ADC1
ADC_ResetCalibration(ADC1);                  //复位指定的 ADC1 的校准寄存器
while(ADC_GetResetCalibrationstatus(ADC1));
//获取 ADC1 复位校准寄存器的状态,复位状态则等待
ADC_StartCalibration(ADC1);                  //开始指定 ADC1 的校准状态
while(ADC_GetCalibrationstatus(ADC1));       //获取指定 ADC1 的校准程序,校准状态则等待
```

(5) 读取 ADC 值。

接下来要做的就是设置规则序列 1 里面的通道、采样顺序及通道的采样周期；然后启动 ADC，等待转换结束后，读取 ADC 转换结果值就可以了。ADC 转换结果读取可以是查询方式，也可以采用 DMA 方式。查询方式代码示例如下：

```
ADC_RegularChannelConfig(ADC1,ch,1,ADC_SampleTime_239ycles5);
//ADC1,ADC 通道,采样时间为 239.5 周期
ADC_SoftwarestartConvcmd(ADC1,ENABLE);           //使能指定的 ADC1 的软件转换启动功能
while(! ADC_GetFlagstatus(ADC1,ADC_FLAG_EOC));   //等待转换结束
return ADC_GetConversionValue(ADC1);             //返回最近一次 ADC1 规则组的转换结果
```

ADC 本身可以独立工作，并通过中断服务程序获取每次采样的值，但频繁地中断又会消耗资源、浪费时间。而配合 DMA 传输，可以采集多路信号，等待采集大量数据后传入

内存,一次性进行处理。DMA 方式代码示例如下:

```
DMA_InitTypeDef DMA_InitStructure;
DMA_DeInit(DMA1_Channel1);   //将 DMA 的通道 1 寄存器重设为缺省值
DMA_InitStructure. DMA_PeripheralBaseAddr=(u32)&ADC1->DR;   //DMA 外设 ADC 基地址
DMA_InitStructure. DMA_MemoryBaseAddr=(u32)&AD_Value;   //DMA 内存基地址
DMA_InitStructure. DMA_DIR=DMA_DIR_PeripheralSRC;   //内存作为数据传输的目的地
DMA_InitStructure. DMA_BufferSize=N*M;   //DMA 通道的 DMA 缓存的大小
DMA_InitStructure. DMA_PeripheralInc=DMA_PeripheralInc_Disable;   //外设地址寄存器不变
DMA_InitStructure. DMA_MemoryInc=DMA_MemoryInc_Enable;   //内存地址寄存器递增
DMA_InitStructure. DMA_PeripheralDataSize = DMA_PeripheralDataSize_HalfWord;   //数据宽度为 16 位
DMA_InitStructure. DMA_MemoryDataSize=DMA_MemoryDataSize_HalfWord;   //数据宽度为 16 位
DMA_InitStructure. DMA_Mode=DMA_Mode_Circular;   //工作在循环缓存模式
DMA_InitStructure. DMA_Priority=DMA_Priority_Low;   //DMA 通道 x 拥有高优先级 DMA_Priority_High
DMA_InitStructure. DMA_M2M=DMA_M2M_Disable;   //DMA 通道 x 没有设置为内存到内存传输
DMA_Init(DMA1_Channel1,&DMA_InitStructure);   //根据 DMA_InitStruct 中指定的参数初始化 DMA 的通道
```

4.1.6 拓展阅读:中国灌溉"黑科技"历史沿革

水是生命之源,农作物生长过程离不开水。自然的雨、雪可以使农作物自动获得水分,但气候并不由人控制,更多的时候,需要进行人工灌溉,这就涉及水的转运,也就需要各种取水、输水的工具。

中国是世界上最早实施灌溉农业的国家之一,古代的灌溉技术为中国农业生产的繁荣和社会稳定作出了巨大贡献。从古代的渠道灌溉到现代的智能灌溉,中国灌溉技术经历了漫长的发展历程,不断推动着农业的进步与发展。

最初,人们用各种陶制容器盛水。小小的容器凝聚了古人非凡的智慧。1958 年,考古工作者在陕西宝鸡一处新石器时代遗址中发现了一只小口尖底陶瓶(图 4.24),这是用于盛水的陶瓶,令人惊奇的是,似乎当初设计这个陶瓶时,古人已经考虑到了力学上的重心问题,从而使提水操作更加便捷。

图 4.24 小口尖底陶瓶

大约西周时期,桔槔(图 4.25)、辘轳(图 4.26)等具有简单机械结构的提水工具开始出现。桔槔利用杠杆原理,用于提取地表水;辘轳则利用轮轴原理,实际上是一种起重机械,用于提取井水,现今我国一些地方仍在使用。

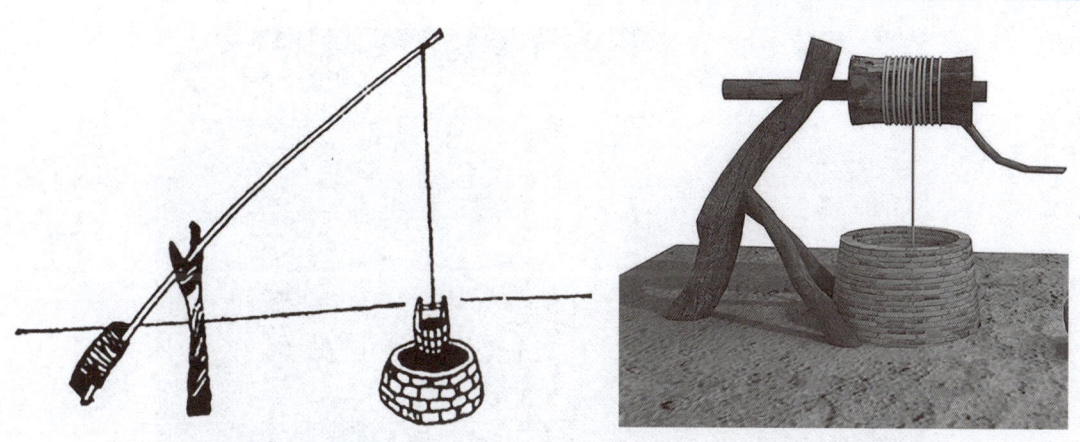

图 4.25　桔槔

图 4.26　辘轳

东汉时期，出现了提水效率更高的翻车，如图 4.27 所示。翻车又称龙骨水车，由木板制成长槽，槽中放置数十块与木槽等宽的刮水板。刮水板之间由铰关依次连接，首尾衔接成环状。木槽上下两端各有一带齿木轴。转动上轴，带动刮水板循环运转，同时将板间的水自下而上带出。翻车最初多用人力驱动，后来出现了以风能或水能驱动的翻车。

唐代时期，出现了轮式的筒车，如图 4.28 所示。筒车多以水力驱动，在水流湍急处建一水轮，水轮底部没入水中，顶部超出河岸，轮上倾斜绑置若干竹筒。水流冲动水轮，竹筒临流取水并随水轮转至轮顶时，将水自动倒入木槽，再流入田间。《王祯农书》中还提到一种高转筒车，可将水提至更高的地方。

图 4.27　翻车

图 4.28　筒车

上述各种提水工具最早出现于北方黄河流域。随着古代经济中心的南移，这些工具逐渐普及到长江和珠江流域。今天，一些偏远山村仍在使用这些工具。

近代随着工业革命的影响和科技的进步，中国灌溉技术经历了重要的变革。19 世纪末 20 世纪初，我国开始采用轮灌、喷灌（图 4.29）、滴灌等新型灌溉方式，能提高农田灌溉的效率并能节约用水量。这对于中国农业生产的现代化具有重要意义。

图 4.29 喷灌

改革开放以后，我国灌溉技术进入了一个新的发展阶段。随着国家对农业的投资，我国在灌溉技术方面取得了显著的成就。特别是在 20 世纪 80 年代末 90 年代初，我国开始推广大规模的综合性灌溉工程和农业水资源管理项目，提高灌溉设施的建设和管理水平。这些工程和项目包括南水北调、引黄灌区、三北防护林灌区等。

与此同时，我国在水文气象监测、水资源管理和智能灌溉技术方面也取得了重大进展。通过建立完善的水文气象监测网络和信息系统，能够实时获取和分析农田的水资源信息，为灌溉决策提供科学依据。

近年来，随着人工智能和物联网技术的迅速发展，我国的灌溉技术正日益向智能化和自动化方向发展。通过智能传感器、自适应控制系统和大数据分析等新技术的应用，农民可以实时监测和控制田间灌溉水量、土壤湿度等指标，实现精准灌溉和高效利用水资源的目标。智能灌溉技术的推广不仅提高了农田的产量和水资源的利用效率，还降低了农民的劳动强度和经济负担。

名人链接

●**孙叔敖**(约公元前 630 年—公元前 593 年)：芈姓，名敖，字孙叔，期思(今河南淮滨)人，春秋时楚国令尹(宰相)，著名政治家、水利家，一生政绩卓著，尤以治水最为世人所称道。公元前 605 年，孙叔敖主持修建了期思雩娄灌区，后世称之为"百里不求天灌区"；公元前 597 年，孙叔敖主持修建了我国最早的蓄水灌溉工程——芍陂，使今寿县一带成为楚国的粮仓，清代学者顾祖禹称芍陂为"淮南田赋之本"。《孙叔敖庙碑记》评价他："宣导川谷，陂障源泉，溉灌沃泽，堤防湖浦，以为池沼。钟天地之美，收九泽之利。"

- **李仪祉**（1882年—1938年）：原名协，字宜之，陕西省蒲城县人，水利学家、教育家，中国现代水利建设的先驱，历史治水名人。他主张治理黄河要上、中、下游并重，防洪、航运、灌溉和水电兼顾，改变了几千年来单纯着眼于黄河下游的治水思想，把中国治理黄河的理论和方略向前推进了一大步。他创办了中国第一所水利工程高等学府——南京河海工程专门学校，为中国培养了大批水利建设人才，并亲自主持建设陕西泾、渭、洛、梅四大渠，树立起中国现代灌溉工程样板，为中国水利事业作出重大贡献。

思考题

(1) 我国灌溉技术的历史沿革是如何与农业生产和社会发展相关联的？如何演变的？
(2) 园艺工人在现代社会中的角色和贡献是什么？他们的劳动条件和挑战有哪些？
(3) 智能灌溉系统如何改善农业生产效率？它与传统灌溉方法相比有什么优势？
(4) STM32是什么？它在机器人技术中的作用是什么？它的特点和优势有哪些？
(5) 我国在智能灌溉领域的发展现状如何？对国家经济和农业产业的影响是什么？

4.2 做智能时代的清洁工

学习目标

(1) 理解保持卫生整洁的意义，养成良好的卫生习惯；
(2) 通过实践感受清洁工人劳动的辛苦与不易；
(3) 通过实践感受智能劳动的价值和意义；
(4) 学习基于STM32的机器人技术。

卫生和清洁不仅仅与个人生活息息相关，更是整个社会发展的基础，直接影响着民众的健康、生活质量及环境的卫生状况。在本节的实践环节，体验清洁工人的辛劳，了解他们在维护城市卫生和环境整洁方面的巨大贡献。探讨智能扫地机器人如何在卫生领域崭露头角，提供更便捷、更高效的解决方案。通过本节的学习，能够更好地理解和欣赏卫生、劳动、智能技术的价值和意义。

4.2.1 课程导入：古人打扫卫生的学问和讲究

保持整洁的房舍需要勤打扫，但打扫卫生也有一些技巧。现代城市中的楼房相对封闭，尘土不易进入，因此打扫卫生相对容易。农村房舍多带有庭院，打扫不易，这类房舍与古代的居住空间相似，因此，可以借鉴古人整治尘土的方法。

古人的绝技是"洒扫"，这虽然是我们常说的一句话，但其中的技巧并不简单。

首先，先洒水后扫地。勤洒胜于勤扫是古人传承下来的智慧，然而现在做到这一点的人很少。屋中的图书、字画、古董、器玩都很忌讳有浮尘，如果不洒水就直接扫地，势必会有尘土飞扬，弄得到处都是灰尘，甚至房梁和椽子上也会沾满灰尘。

其次，多洒水不如轻扫。就算很擅长洒水，也不可能每个地方都洒得到位，毕竟还是有很多干燥的地方。扫地时要注意不要用力过重，每当放下扫帚时一定要让帚尾部着地，避免尘土扬起。

再次，分段打扫卫生。先打扫屋子，把屋门关紧再打扫台阶。等打扫完台阶后，稍等片刻再打开门，这样尘土才不会侵入室内。另外，打扫时要选择顺风的时候，省力高效。

最后，洒水和扫地配合进行。先洒水后扫地，是针对一般情况而言，如果每天都这样做，会使土和水粘在一起，沉积在地面上无法清扫，越积越厚，最终形成"土阶"，地砖和木板也就只能是摆设了。因此，洒水几天后要留一天不洒，只进行清扫。

4.2.2 劳动实践任务

1. 课时要求

建议5周内完成，课内12课时+课外18课时。

2. 任务要求

(1)在实验室内体验清洁活动，感受清洁工人劳动的辛苦与不易，思考如何运用所学专业知识，设计一种智能扫地机器人，以减轻劳动强度，提高劳动效率。

(2)通过调研分析、查阅文献等方式，提出一种可行的智能扫地机器人设计方案，同时进行器件选型、硬件设计、软件设计等，完成系统的实验模型。

3. 实践步骤

(1)劳动体验。在实验室体验清洁活动，思考智能扫地机器人设计的要素与功能。

(2)调研分析。通过查阅文献、实地调研等方式了解智能扫地机器人的现状。

(3)方案设计。在劳动体验和调研分析的基础上，每3人一组提出一种可行的智能扫地机器人设计方案。

(4)硬件设计。根据设计方案，进行器件、模块选型，完成硬件电路设计。

(5)软件设计。在设计的硬件电路上完成嵌入式软件设计，实现智能扫地机器人功能。

(6)系统测试。对设计实现的智能扫地机器人进行功能测试并完善。

(7)演示答辩。进行演示、介绍设计方案、写心得体会等。

4.2.3 优秀作品展示：基于STM32的智能扫地机器人

基于STM32的智能扫地机器人(以下简称机器人)，包括主控模块、电源模块、显示模块、姿态模块、避障模块、WiFi模块、语音模块、测距模块和驱动模块等模块。机器人以 STM32 作为核心处理器，根据 WiFi 模块收到的指令，融合姿态模块、避障模块和测距模块等模块数据，控制轮子、吸尘器、扫地刷协同工作。机器人具有自动模式、遍历模式和手动模式等模式，具有清扫演示效果好、硬件电路简单、交互性较好等特点。机器人实物如图 4.30 所示。

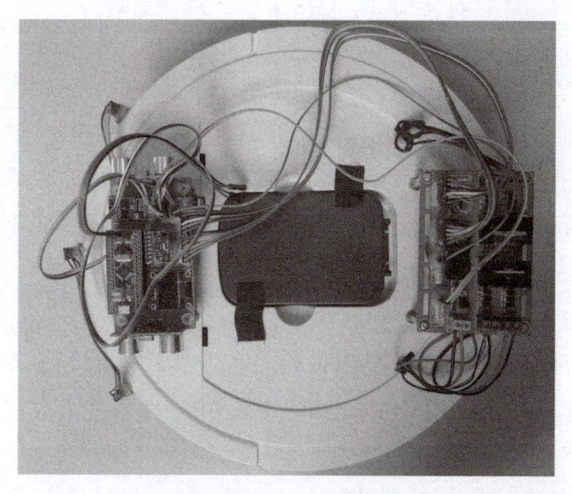

图 4.30 机器人实物

4.2.4 作品研发的技术路线

1. 需求分析

在劳动体验和调研分析的基础上，对机器人进行需求分析。机器人的主要功能是替代人工进行地面清扫，其需求为：首先应该是易于使用和操作，能够自主清扫；其次应该是清扫效果要理想；最后应该是智能化，包括定位、路径规划和语音交互等功能。

2. 方案设计

根据需求分析，机器人应该具有自动清扫、远程操作、语音交互、自动避障等功能，其总体框架如图 4.31 所示。

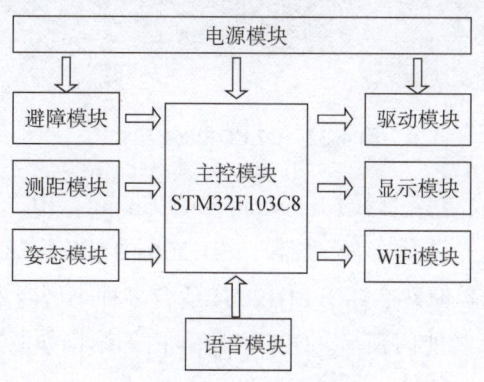

图 4.31 机器人总体框架

主控模块是机器人的核心，负责避障模块、测距模块、姿态模块的数据读取，语音模块、WiFi 模块的指令接收，参数显示、电机驱动等。避障模块负责机器人左、前、右 3 个方向的障碍物检测。测距模块负责机器人离左、右墙的距离测量。姿态模块负责机器人的运行坐标的测量。语音模块负责机器人工作指令的接收。WiFi 模块负责远程工作指令的接收。显示模块负责实时显示工作参数等。驱动模块负责驱动机器人左右轮子、吸尘器和扫地刷等执行部件。

3. 模块选型

1）主控模块选型

根据设计方案，机器人需要一款嵌入式处理器，进行信号采测量、数据融合与逻辑控制等。主控模块选型同上，STM32 系列完全可以满足机器人的设计要求，并且同样选用引脚和资源相对较少的 STM32F103C8。

2）显示模块选型

根据设计方案，机器人需要一个显示模块，负责参数显示等。考虑机器人要显示的内容，同时考虑成本因素，决定选用 OLED12864 这款 0.96 寸彩色液晶模块，其实物如图 4.32 所示。

图 4.32　OLED12864 实物

OLED12864 采用集成电路总线（Inter Integrate Circuit，IIC）通信。内部驱动芯片为 SSD1306，是一款单片机点阵图形驱动器。SSD1306 内部有 128 个 SEG 列光点和 64 个 COM 行，分辨率为 128×64 像素点。OLED12864 适合多种小型嵌入式设备使用，如手机时钟显示屏、MP3 显示屏及智能门锁等。OLED12864 内部结构如图 4.33 所示。

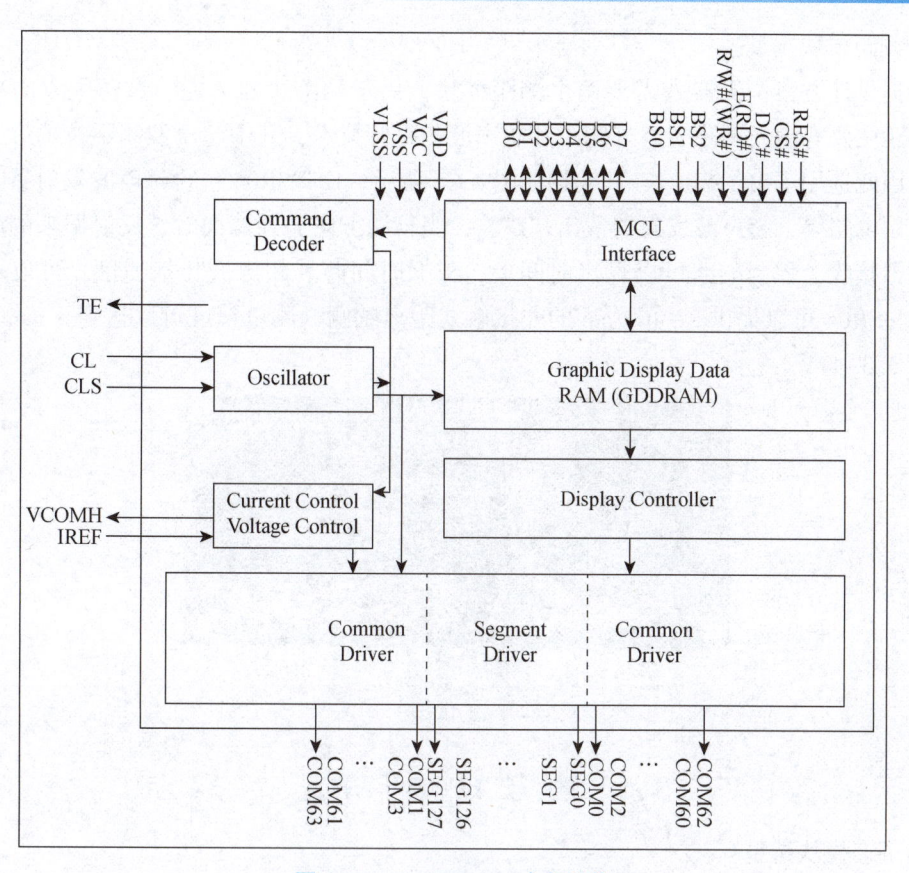

图 4.33　OLED12864 内部结构

3）避障模块选型

根据设计方案，机器人需要三个避障模块，用于检测左、前、右 3 个方向是否有障碍物。障碍物检测主要有红外、超声和视觉等技术，由于机器人要求只是简单判断是否有障碍物，因此选用红外技术最为合适。红外避障模块实物如图 4.34 所示。

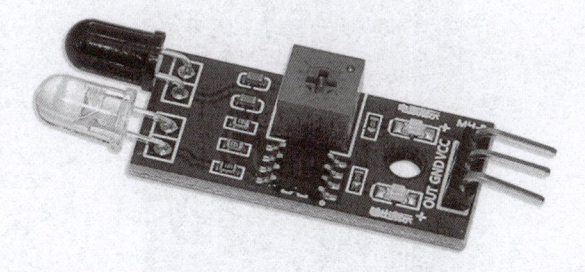

图 4.34　红外避障模块实物

红外避障模块对环境光线适应能力强，由一对红外线发射管与接收管组成，发射管发射出红外光，当检测方向遇到障碍物时，反射回来的红外光被接收管接收，经过调理电路处理后，可以输出电平信号，有效距离为 2~30 cm，可以通过电位器调节，工作电压为 3.3~5 V。

4）测距模块选型

根据设计方案，机器人需要两个测距模块，用于检测机器人左、右两个方向离墙距离。测距主要有激光测距、红外测距和超声波测距等技术，其中超声波测距技术最为简单方便，因此选用了 HC-SR04，其实物如图 4.35 所示。HC-SR04 包含超声波发射器、接收器与控制电路等，超声波发射器发出超声波，当检测方向遇到墙面时，反射回来的超声波被接收器接收，控制电路可以算出时间差，根据时间差和超声波传播速度，可以算出距离。HC-SR04 可以提供 2~400 cm 的非接触式距离感测，测量精度可以达到 3 mm，工作电压为 3.3~5 V。

图 4.35　HC-SR04 实物

5）姿态模块选型

根据设计方案，机器人需要一个姿态模块，用于遍历模式中机器人运行角度的矫正。这里选用 MPU6050，其实物如图 4.36 所示。MPU6050 整合了 3 轴陀螺仪、3 轴加速度计，可以准确测量机器人的姿态，其角速度测量范围为±250、±500、±1 000、±2 000 °/s，加速度测量范围为±2g、±4g、±8g、±16g，具有 IIC 和 SPI 接口，工作电压为 3~5 V。

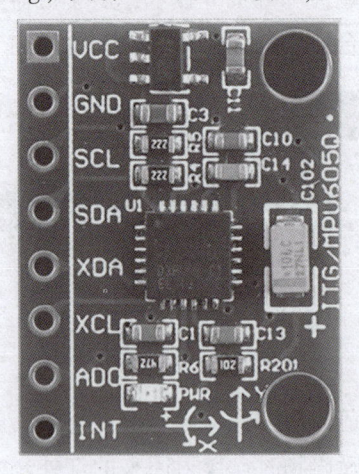

图 4.36　MPU6050 实物

6）语音模块选型

根据设计方案，机器人需要一个语音模块，用于语音方式控制机器人工作。这里选用

SU-30T，其实物如图4.37所示。SU-30T是一套双麦人机自然语音交互系统，适用于纯离线控制场景，主芯片采用数字信号处理（Digital Signal Processing，DSP）+神经处理单元（Neural Processing Unit，NPU）+中央处理单元（Central Processing Unit，CPU）异步架构，前端信号处理DSP，性能是HiFi4的2倍，能提供更好的降噪、增强等功能，高效的神经网络处理器提供更快速和准确语音识别。支持150条本地指令离线识别，支持轻量级实时操作系统（Real Time Operating System，RTOS），并具有丰富的外围接口，包括USART、I^2C、SPI、PWM、ADC等。

图4.37 SU-30T实物

7）WiFi模块选型

根据设计方案，机器人需要一个WiFi模块，用于远程控制。这里选用ESP8266，其实物如图4.38所示。ESP8266是一款高性能的WiFi串口模块，具有STA、AP、STA&AP这3种模式，支持串口数据透传，支持模块串口AT指令配置，是目前广泛使用的WiFi模块之一。

图4.38 ESP8266实物

8）驱动模块选型

根据设计方案，机器人需要一个驱动模块，用于驱动轮子、吸尘器和扫地刷等执行部件。这里选用 L298N，其实物如图 4.39 所示。L298N 是一种高电压、大电流电机驱动芯片，主要特点是工作电压高(最高工作电压可达 46 V)，输出电流大(瞬间峰值电流可达 3 A、持续工作电流为 2 A)，额定功率为 25 W，内含 2 个 H 桥的高电压、大电流全桥式驱动器，可以用来驱动 2 个直流电机，因此使用 2 片 L298N，1 片用于机器人的左、右轮控制，1 片用于吸尘器和扫地刷的控制。

图 4.39 L298N 实物

4. 电路设计

1) 主控模块设计

由于主控模块采用的是 STM32F103C8，与前文一样，故此处不再介绍。

2) 显示模块设计。

在模块选型中，显示模块选用了 OLED12864，其是 IIC 接口，电路非常简单，如图 4.40 所示。第 1 脚：GND 为电源地。第 2 脚：VCC 接+3.3 V 电源正。第 3 脚：SCL 接 STIM32 的 PB6。第 4 脚：SDA 接 STIM32 的 PB7。

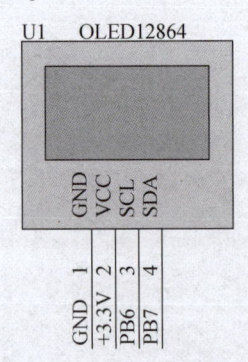

图 4.40 OLED12864 电路

3) 避障模块设计

在模块选型中，避障模块采用一对红外接收、发射管，其电路如图 4.41 所示。发射管发出红外光，当遇到障碍物时，红外光反射回来被接收管接收到，接收管输出电压与

R11 参考电压通过 U6(LM393)进行比较,若检测到障碍物,则 U6 输出低电平,D12 指示灯亮,否则 U6 输出高电平,VD12 指示灯灭,其中 R11 可以调节机器人离障碍物的远近,整个机器人需要 3 个避障电路,分别装在左、前、右 3 个位置。

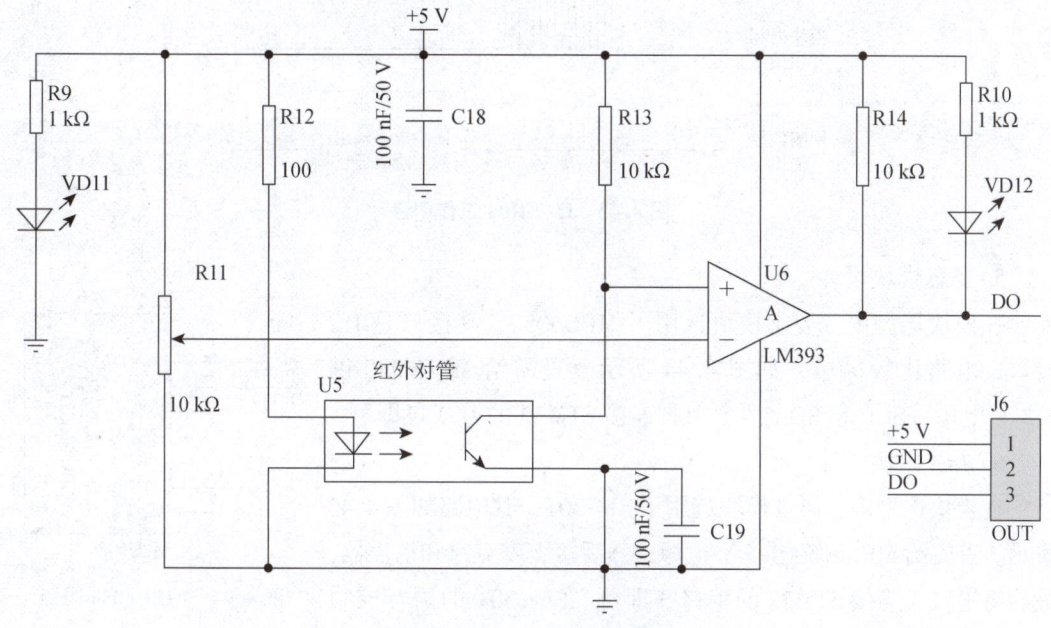

图 4.41 红外避障模块电路

4)测距模块设计

在模块选型中,测距模块采用了 HCSR04,其电路比较简单,如图 4.42 所示。只需给 HCSR04 供 5 V 电源,TRIG 和 ECHO 两个引脚连接 STM32 的 I/O 口即可。

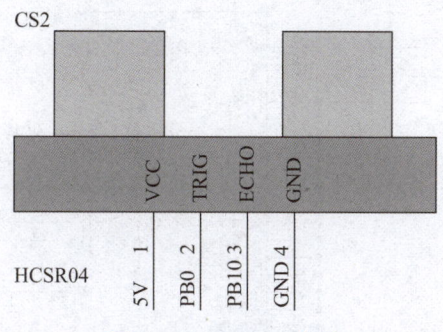

图 4.42 HCSR04 电路

HCSR04 的工作时序如图 4.43 所示,首先 STM32 的 I/O 口产生至少 10 μs 的高电平信号控制 TRIG 引脚触发模块测距;然后模块内部将发出 8 个 40 kHz 周期电平并检测是否有回波;若有信号返回,则 HCSR04 通过 ECHO 输出高电平,高电平持续的时间就是超声波从发射到返回的时间。最后,STM32 根据 ECHO 输出的高电平时间,可以算出机器人距离障碍物的距离,计算公式如下:

测量距离=(高电平时间×声速(340 m/s))/2

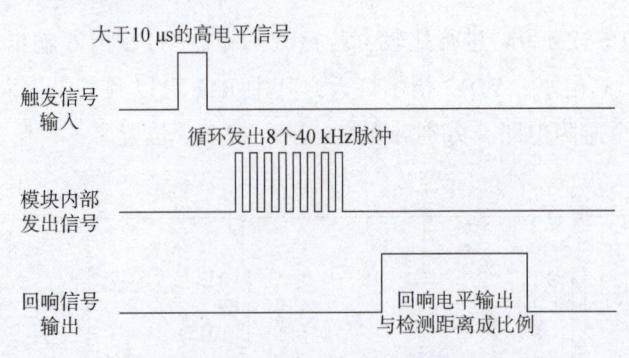

图 4.43　HCSR04 工作时序

5) 姿态模块设计

在模块选型中，姿态模块选用了 MPU6050，其接口是 IIC 接口，电路比较简单，如图 4.44 所示。只需给 MPU6050 供 3.3 V 电源，SCL 和 SDA 两个引脚连接 STM32 的 I/O 口即可。

6) 语音模块设计

在模块选型中，语音模块选用了 SU-30T，其电路如图 4.45 所示。首先给 MPU6050 供 5 V 电源，然后接上麦克风和扬声器，最后将串口 3 连接 STM32 的串口 3 即可。SU-30T 的语音控制命令通过串口 0 写入，上电后进入语音识别模式，若识别成功，会在串口 3 输出一串协议数据，STM32 可以解析收到的协议数据并进行相应的控制。

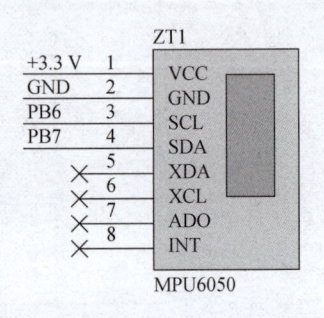

图 4.44　MPU6050 电路

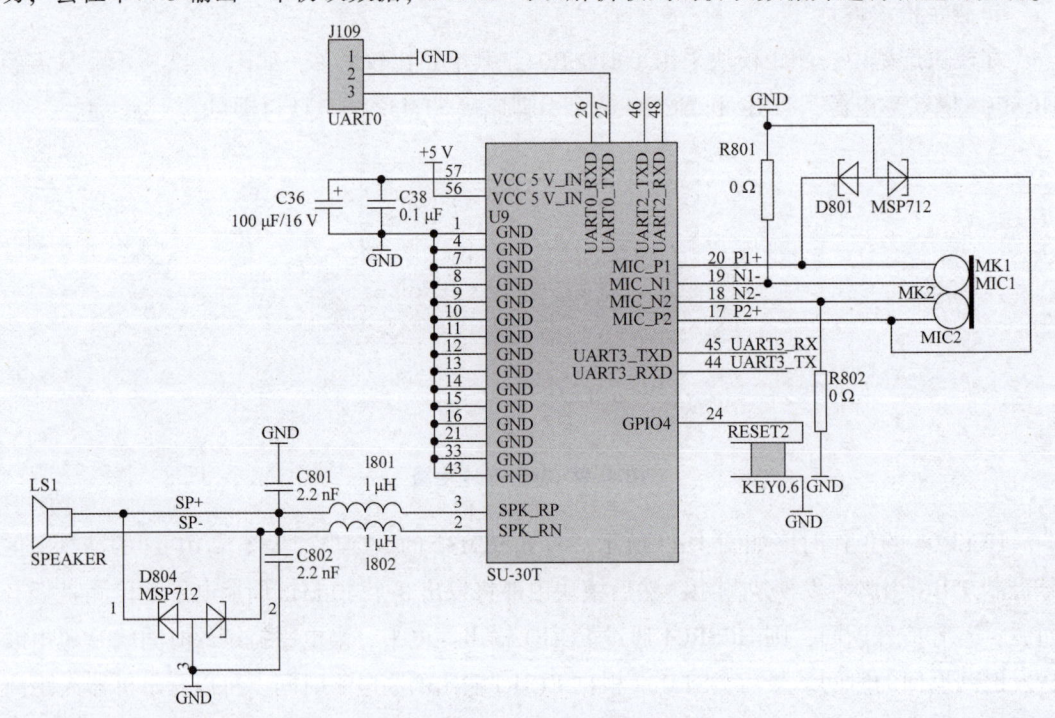

图 4.45　SU-30T 电路

7）WiFi 模块设计

在模块选型中，WiFi 模块选用了 EPS8266，其接口是串口，电路比较简单，如图 4.46 所示。只需给 EPS8266 供 3.3 V 电源，将 RESET 引脚连接 STM32 的 I/O，串口连接 STM32 的串口 2 即可。

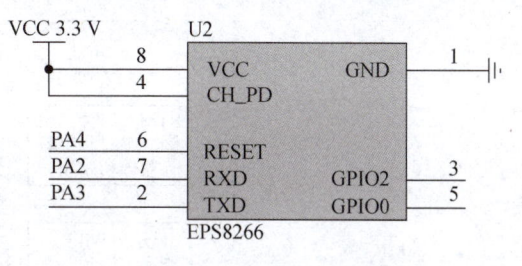

图 4.46　EPS8266 电路

8）驱动模块设计

在模块选型中，驱动模块选用了 L298N，用于驱动机器人轮子、扫地刷和吸尘器。其电路如图 4.47 所示，给 L298N 供 5 V 电源和电机工作电压，将其输出引脚加上钳位二极管和电容后接控制电机，ENA、ENB 和 IN1～IN4 连接 STM32 的 I/O 口。

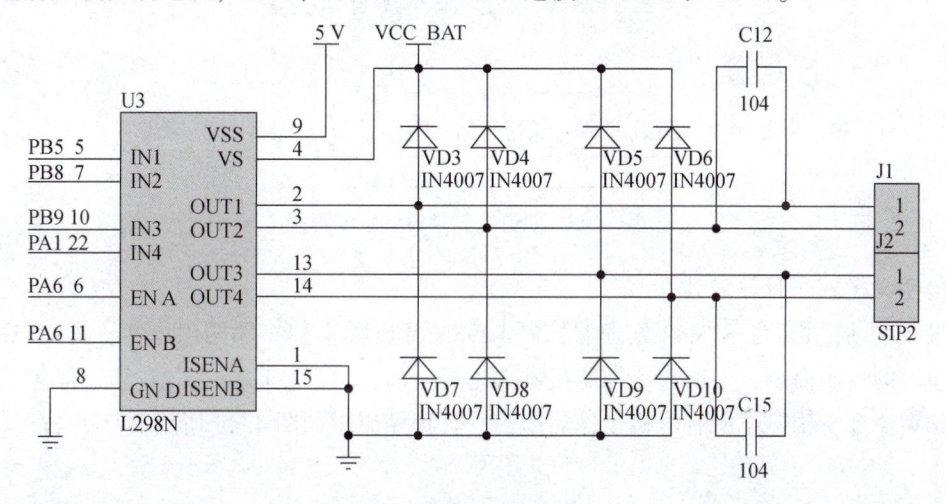

图 4.47　L298N 电路

硬件电路设计好以后，首先进行 PCB 布线，其次进行 PCB 加工，最后进行 PCB 的焊接与调试，至此，机器人的硬件电路设计完成。

5. 软件设计

软件设计是要在机器人硬件电路设计的基础上编程，实现机器人的手动模式、遍历模式和自动模式，并实现远程操作、语音交互、自动避障等功能。机器人软件设计主流程如图 4.48 所示。

机器人上电后，STM32 处理器首先对系统时钟、各模块连接的 I/O 口、串口及定时器等资源进行初始化设置；然后对显示模块、WiFi 模块、姿态模块、语音模块和测距模块等模块进行初始化；接着 OLED12864 上实时显示电量、WiFi 参数等提示信息，同时等待 APP 或语音模块连接机器人；若接收到 APP 或者语音模块的指令，则机器人根据指令进入手动、遍历或者自动模式，执行完后返回。

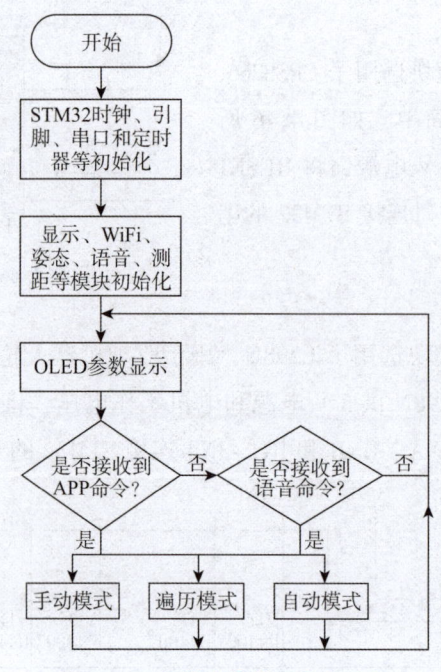

图 4.48　机器人软件设计主流程

1) 手动模式子程序设计

进入手动模式后，STM32 处理器控制 L298N 开启吸尘和扫地两组电机，等待 APP 或语音模块的控制命令，根据命令控制机器人轮子向前、向后、向左、向右和暂停等。若接收到结束命令，则停止所有电机工作后返回。其程序流程如图 4.49 所示。

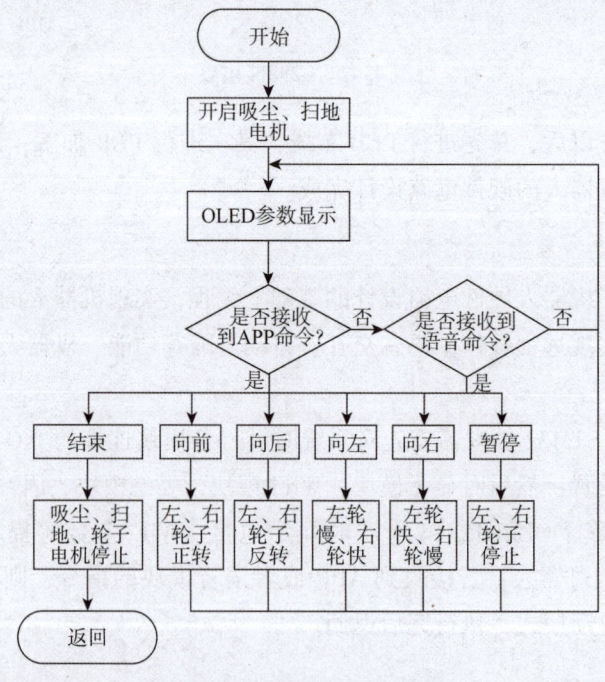

图 4.49　手动模式子程序流程

2)遍历模式子程序设计

进入遍历模式后,STM32 处理器控制 L298N 模块开启吸尘和扫地两组电机,显示各个参数,并控制机器人直行,运行过程中实时获取姿态传感器数据,根据数据矫正左、右轮电机转速,确保机器人能直线运动。同时,检测左、右两边是否有障碍物,若左边有障碍物,则右转,反之则左转。若接收到结束命令,则停止所有电机工作后返回。其程序流程如图 4.50 所示。

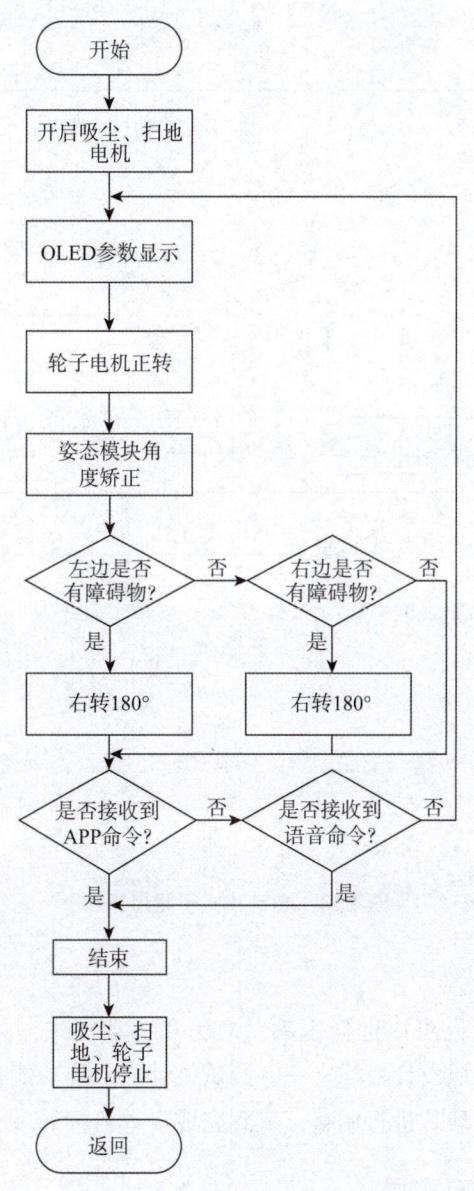

图 4.50 遍历模式子程序流程

3)自动模式子程序设计

进入自动模式后,STM32 处理器控制 L298N 模块开启吸尘和扫地两组电机,显示各个参数,并控制机器人直行,进行过程中实时检测左、前、右 3 个方向是否有障碍物,若左边有障碍物,则机器人先后退再右转;若右边有障碍物,则机器人先后退再左转;若前面有障碍物,则机器人先后退,再进一步通过测距模块判断左、右两边离墙距离。若左边大于右边,则左转,反之则右转。若接收到结束命令,则停止所有电机工作后返回。其程序流程如图4.51所示。

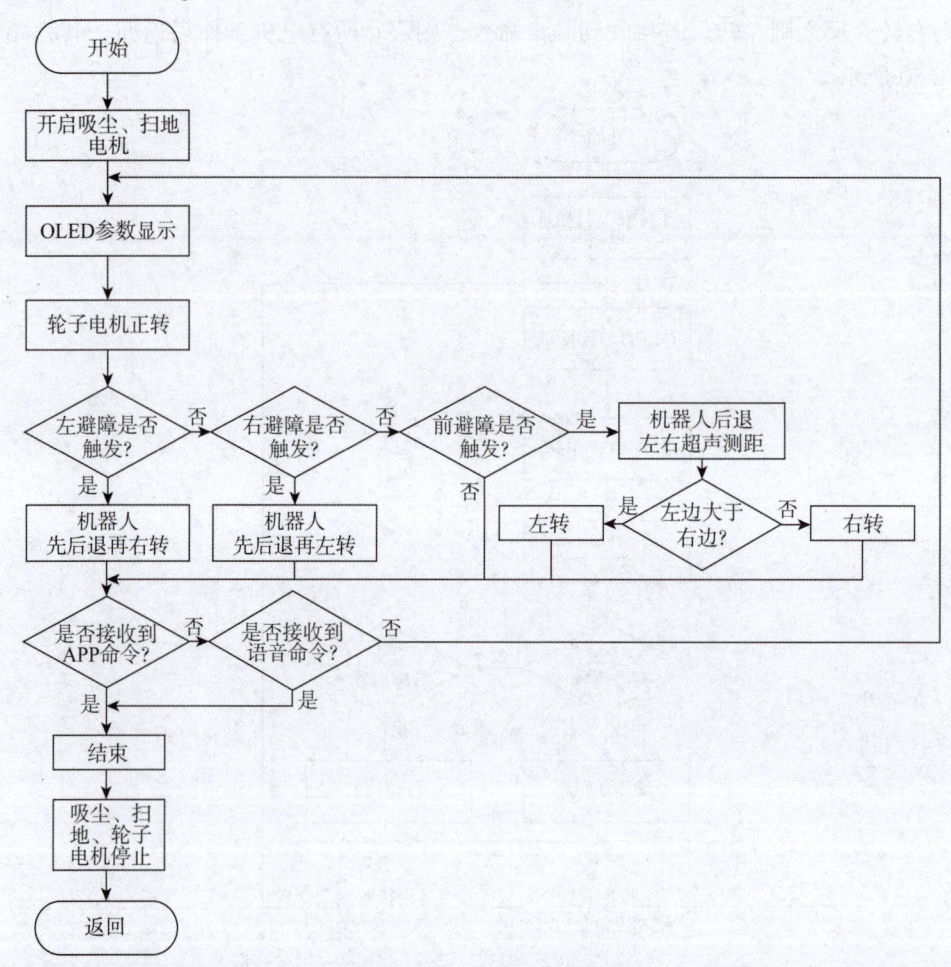

图4.51 自动模式子程序流程

6. 系统调试

根据设计方案,机器人可以选择手动、遍历和自动模式,并具有远程操作、语音交互、自动避障等功能。对照设计目标,一一测试设计的系统功能是否达到要求,若存在问题或者缺陷,则返回上述环节进行调整,直到完成设计目标。

4.2.5 关键技术与实操

1. 基于STM32的PWM实现

1)实现内容

STM32的PWM是整个项目执行机构实现的关键,用于调节轮子、扫地和吸尘电机工作的速度。本小节主要介绍 STM32 的 PWM 资源控制方法。

2）实现技术与条件

在进行实操前，请进行下列准备。

（1）PC 或笔记本计算机 1 台。

（2）Keil uVision5 软件。

（3）ST-LINK 或 J-LINK 或 ULINK 下载器 1 个。

（4）STM32 实验板 1 块。

3）实现步骤

PWM 是 STM32 定时器扩展出来的一个功能（本质上是使用一个比较计数器的功能），配置过程一般包括选定定时器、复用 GPIO 口、选择通道（传入比较值）、使能相应系统时钟、设定相应的预分频、计数周期、PWM 模式（有两种）、电平极性等。下面以 PA8（TIM1_CH1）口为例，详细介绍利用 STM32 的定时器产生 PWM 波形的步骤。

（1）配置 GPIO 口。

STM32F103C8 的定时器 1 的通道 1 作为 PWM 输出引脚，因此需要对 PA8 口的引脚进行配置，首先要使能 GPIOA 的时钟和复用时钟，然后设置 PA8 口为复用推挽输出。使能 GPIOA 和复用时钟用 RCC_APB2PeriphClockCmd( ) 函数，设置 PA8 口为复用推挽输出用 GPIO_Init( ) 函数，示例代码如下：

```
GPIO_InitTypeDef GPIO_InitStructure;
RCC_APB2PeriphClockcmd(RCC_APB2Periph_GPIOA|RCC_APB2Periph_AFIO,ENABLE);
GPIO_InitStructure. GPIO_Pin=GPIO_Pin_8;
GPIO_InitStructure. GPIO_Mode=GPIO=Mode_AF_PP;          //复用推挽输出
GPIO_InitStructure. GPIO_Speed=GPIO_Speed_50MHz;
GPIO_Init(GPIOA,&GPIO_InitStructure);
```

（2）初始化定时器。

在配置 GPIO 口之后，首先要开启 TIM1 时钟，再复位定时器，将 TIM1 的全部寄存器重设为默认值，其函数为 TIM_DeInit(TIM1)；然后可以开始 TIM1 的参数配置，如分频系数、计数脉冲、技术模式等，这些都在函数 TIM_TimeBaseInit( ) 中实现。示例代码如下：

```
TIM_DimeBaseInitTypeDef TIM_TimeBaseStructure;
RCC_APB2PeriphClockcmd(RCC_APB2Periph_TIM1,ENABLE);
TIM_DeInit(TIM1);
/* Time base configuration* /
TIM_TimeBaseStructure. TIM_Period=5000-1;//设置在下一个更新事件装入活动的自动重装载寄存器周期的值
TIM_TimeBaseStructure. TIM_Prescaler=0;//设置用来作为 TIMx 时钟频率除数的预分频值    不分频
TIM_TimeBaseStructure. TIM_ClockDivision=0;//设置时钟分割；TDTS=Tck_tim
TIM_TimeBaseStructure. TIM_CounterMode=TIM_CounterMode_Up;//TIM 向上计数模式
```

```
TIM_TimeBaseStructure. TIM_RepetitionCounter=0;
TIM_TimeBaseInit(TIM1,&TIM_TimeBaseStructure);
```

（3）设置 PWM 模式。

在成功完成了定时器的初始化后，接下来便可以着手设置 PWM 模式。以 TIM1 为例，其 PWM 模式涉及的参数包括但不限于：PWM 模式的选择、比较输出功能的启用、输出比较极性的设定及输出占空比的调整。所有这些参数的配置，均可借助库函数中的 TIM_OC1Init( ) 函数来实现。示例代码如下：

```
TIM_OCInitStructure. TIM_OCMode=TIM_OCMode_PWM1;//选择定时器模式:TIM 脉冲宽度调制模式2
TIM_OCInitStructure. TIM_OutputState=TIM_OutputState_Disable;//比较输出使能
TIM_OCInitStructure. TIM_OutputNState=TIM_OutputState_Disable;
TIM_OCInitStructure. TIM_Pulse=pwm_duty;//设置待装入捕获比较寄存器的脉冲值,初始的占空比
TIM_OCInitStructure. TIM_OCPolarity=TIM_OCPolarity_Low;//输出极性:TIM 输出比较极性高
TIM_OCInitStructure. TIM_OCNPolarity=TIM_OCNPolarity_Low;
TIM_OCInitStructure. TIM_OCIdleState=TIM_OCIdleState_Set;
TIM_OCInitStructure. TIM_OCNIdleState=TIM_OCNIdleState_Set;
TIM_OC1Init(TIM1,&TIM_OCInitStructure);//根据 TIM_OCInitStruct 中指定的参数初始化外设 TIMx
TIM_OC1PreloadConfig(TIM1,TIM_OCPreload_Enable);//使能 TIMx 在 CCR2 上的预装载寄存器
```

（4）使能定时器。

在设置完以上信息后，再使能定时器 1，并使能 PWM 输出。示例代码如下：

```
TIM_Cmd(TIM1,ENABLE);//使能 TIMx 外设
TIM_CtrlPWMOutputs(TIM1,ENABLE);//TIM1_OC 通道输出 PWM
```

（5）产生 PWM 波形。

经过上述操作后，只要调用函数 PWM_Channel1_Out( )，就可以产生 PWM 波形，占空比通过 pwmduty 这个参数进行修改。示例代码如下：

```
Void PWM_Channel1_Out(u8 pwmduty)
{
    TIM_SetCompare1(TIM1,pwm_duty);//修改占空比
}
```

4.2.6 拓展阅读："扫一室"与"扫天下"

东汉的陈蕃，他虽喜好读书，但生活很懒散，连自己的书房也很少收拾打扫。

有一天，薛勤来看望陈蕃的父亲，正巧他父亲外出，只有陈蕃在家。

陈蕃出来接待，告诉客人父亲不在家。薛勤一边与他寒暄，一边走进了陈蕃的书房。

薛勤一进书房，着实吓了一跳。屋子里乱七八糟，桌子上书呀、杂物呀……什么都

有，上面满是灰尘，地上到处是垃圾，墙壁上有不少蜘蛛网。屋子里不仅肮脏，连空气也很污浊。薛勤看了后，不禁皱起了眉头对陈蕃说："年轻人，怎么弄得这么乱呀？为什么不把屋子打扫干净呢？"

没想到陈蕃却满不在乎地说："大丈夫活在世上，要干的是轰轰烈烈的大事业，要扫除的是天下一切不平之事，哪里会花心思去清扫一间小小的屋子呢？"他说得理直气壮，很有些得意的神气。

听着陈蕃这样的回答，薛勤心里赞叹此人年少而有大志，但又感叹此人连小事都不愿意做，又怎么能做成大事呢？于是他盯着陈蕃，反问道："年轻人，你连一间小小的屋子都不扫，又怎么去扫天下呢？"

薛勤走后，陈蕃沉思起来，觉得很有道理，于是他就认真打扫了书房。

名人链接

- **朱熹**（1130—1200年）：字元晦，一字仲晦，号晦庵，南宋著名的理学家、思想家、哲学家、教育家、诗人，闽学派的代表人物，世称朱子，是杰出的弘扬儒学的大师。《朱子家训》曰："黎明即起，洒扫庭除，要内外整洁"，强调了家中的卫生与整洁是修身养性的重要一环。

- **时传祥**（1915—1975年）：曾在北京市崇文区清洁队当掏粪工人，中华人民共和国第一代劳动模范，中国工人阶级的杰出代表，2019年9月，入选"最美奋斗者"名单。他以"宁愿一人脏，换来万家净"的崇高精神，在平凡的环卫岗位上无私奉献了一生，为首都的环卫事业作出了不平凡的贡献。1959年10月26日，时任国家主席刘少奇在人民大会堂会见时传祥时表示，"你掏大粪是人民勤务员，我当主席也是人民勤务员，这只是革命分工不同。"

思考题

(1) 为什么保持卫生整洁对个人和社会至关重要？它如何影响我们的健康和生活质量？

(2) 你如何看待清洁工人这个职业？他们的工作对社会的价值是什么？有哪些困难和挑战需要面对？

(3) 为什么清洁工人常被低估或被忽视？我们应该如何更好地尊重和支持他们？

(4) 智能扫地机器人的使用带来了哪些便捷？

(5) 机器人是否可能取代清洁工人？这是否会导致就业问题或者创造新的就业机会？

(6) 如何平衡传统的人力清洁工作和智能机器人清洁技术的应用？是否有更好的卫生维护方法？

（7）你认为学习基于 STM32 的机器人技术对于你的未来职业发展有何重要性？它如何影响你的未来职业选择？

（8）怎样更好地教育和鼓励人们养成良好的卫生习惯？